马克思与
《资本论》

Marx, Capital and
the Madness of Economic Reason

[美] 大卫 · 哈维（David Harvey） 著
周大昕 译

中信出版集团 · 北京

图书在版编目（CIP）数据

马克思与《资本论》/（美）大卫·哈维著；周大昕译．-- 北京：中信出版社，2018.5（2023．7重印）

书名原文：Marx, Capital and the Madness of Economic Reason

ISBN 978-7-5086-8633-2

I. ①马… II. ①大… ②周… III. ①《资本论》－马克思著作研究 IV. ① A811.23

中国版本图书馆 CIP 数据核字（2018）第 030894 号

马克思与《资本论》

著　　者：[美] 大卫·哈维
译　　者：周大昕
出版发行：中信出版集团股份有限公司
　　　　　（北京市朝阳区东三环北路 27 号嘉铭中心　邮编　100020）
承 印 者：北京通州皇家印刷厂

开　　本：880mm×1230mm　1/32　　印　　张：11　　字　　数：203 千字
版　　次：2018 年 5 月第 1 版　　印　　次：2023年 7 月第 8 次印刷
京权图字：01–2017–9009
书　　号：ISBN 978–7–5086–8633–2
定　　价：68.00 元

疯狂的世界！疯狂的国王！疯狂的和解！……
那个笑脸迎人的绅士，使人心痒骨酥的“利益”，
“利益”，这颠倒乾坤的势力；
这世界本来是安放得好好的，
循着平稳的轨道平稳前进，
都是这“利益”，这引人作恶的势力，
这动摇不定的“利益”，
使它脱离了不偏不颇的正道，
迷失了它正当的方向、目的和途径；
就是这颠倒乾坤的势力，
这“利益”，这牵线的淫媒，这掮客，这变化无常的名词……
为什么我要辱骂这“利益”呢?
那只是因为它还没有垂青到我的身上。
并不是当灿烂的金银引诱我的手掌的时候，
我会有紧握拳头的力量；
只是因为我的手还不曾受过引诱，
所以才像一个穷苦的乞儿一般，向富人发出他的咒骂。
好，当我是一个穷人的时候，我要信口谩骂，
说只有富有是唯一的罪恶；
要是有了钱，我就要说，
只有贫穷才是最大的坏事。
既然国王们也会因“利益”而背弃信义；
“利益”，做我的君主吧，因为我要崇拜你！

——莎士比亚《约翰王》(朱生豪译)

MARX,
CAPITAL AND
THE MADNESS OF
ECONOMIC REASON

目录

M A R X ,

CAPITAL AND THE MADNESS OF ECONOMIC REASON

MARX,
CAPITAL AND
THE MADNESS OF
ECONOMIC REASON

前言

马克思终其一生都在研究资本的规律。他始终在探究所谓的“资本运动规律”对普通大众日常生活的影响。他孜孜不倦地揭露关于不平等和剥削的社会条件，这些条件常常隐匿在统治阶级自我奉行的理论背后。马克思对资本主义频频发生危机的特性尤为关注。1848年和1857年这样的经济危机究竟是由战争、灾害和歉收等外部冲击造成，还是由于资本内在矛盾使得这些破坏性危机不可避免？这一问题至今仍然困扰着经济研究。自2007—2008年金融危机以来，全球资本主义又陷入悲观和混乱的状态，对数百万人的日常生活造成不利影响，此时似乎是重新思考马克思的好时机。或许马克思的一些见解可以用来帮助看清当下问题的本质。

然而要概述马克思的结论、理解其错综复杂的论据以及其繁复的理论构建过程并不容易。其中的一个原因是，他的大部分研究都未能完成。马克思思想中仅有一小部分最终以完整书稿形式出版，其他大部分思想都散落在大量零散而有趣的笔记和手稿中、自证的评论中、恢宏博大的思考以及针对各种真假批评的雄辩驳斥中。由于马克思的论证过程本身就是对古典政治经济学的深刻批判（包括亚当·斯密、大卫·李嘉图、托马斯·马尔萨斯、詹姆斯·斯图亚特、约翰·斯图亚特·穆勒、边沁以及其他重要的思想者和研究者），所以在解读马克思的结论时，也需要了解其批判的对象。此外，要理解马克思的研究方法就必须懂得德国古典哲学，马克思继承了黑格尔的思想并糅合了斯宾诺莎、康德以及自古希腊时代以来历代思想家的观点（马克思的博士论文就以希腊哲学家德谟克利特和伊壁鸠鲁为题）。马克思还采纳了圣西蒙、傅立叶以及蒲鲁东和卡贝等法国社会主义者的思想。正是在上述这些思想和理论的基础上，马克思构建了自己的宏伟理论。

马克思不是一个不知变通的思考者，他总是在不断调整自己的思想。他从海量阅读中汲取的知识越多（除政治经济学、人类学和哲学著述外，还有大量商业金融新闻报道、议会辩论材料以及政府报告），他的观点进步就越明显（或者有人会认为马克思改变了主意）。他如饥似渴地阅读古典文学，阅读范围涵盖莎士比亚、塞万提斯、歌德、巴尔扎克、但丁和雪莱等文学大家。马克思也看重文学家对世界运转方式的独到见解并从文学表达方式中获得灵感，他在自己的写作中（特别是堪称写作典范的《资本论》第一卷）就大量借鉴了他们的写法。马克思还与说各种语言的各国旅行者保持密切联系，他通过 1864 年成立的国际工人协会（第一国际）积极与英国工会成员进行对话。马克思是充满激情的雄辩者，也是一流的理论家、学者和思想家。马克思曾为《纽约论坛报》定期供稿，这是当时美国发行量最大的报纸之一，这段时间也是马克思收入最稳定的时期。他的专栏文章观点鲜明，同时也常常包含对最新时事的详尽分析。

近来有大量关于马克思个人情况、政治氛围和经济环境的研究问世。乔纳森 · 斯佩伯（Jonathan Sperber）和斯蒂德曼·琼斯（Stedman Jones）对马克思的生平做了详尽的探究，他们的研究在某些方面无疑是值得肯定的。[1]但遗憾的是，他们似乎希望将马克思的思想及其大量论述与马克思本人一起埋葬在伦敦海格特公墓，因为他们将马克思思想视为属于19世纪的过时和充满缺陷的产物。在他们看来，马克思是一个有趣的历史人物，但即便其思想曾经符合时代的节拍，也已与当今时代完全脱节。然而这两位研究者都忽略了，马克思《资本论》的研究对象是资本而不是19世纪的生活（当然他对后者也发表了许多看法）。资本依然在我们身边，依然鲜活，在某些时候资本会出现病灶和失控现象，在某些时候则又显得膨胀而无所顾忌。马克思考虑了现代经济学的基础观念以及对资产阶级社会的批判性认识。而斯蒂德曼·琼斯和斯佩伯的著述却对马克思的资本概念一笔带过，更谈不上阐述如何在当今时代中运用马克思的观念。尽管马克思的分析从某些角度看可能已落伍于时代，但我发现许多分析对于现在可能较当初写作时更有现实意义。在马克思所处的时代，资本主义还仅仅占领了世界的一个角落，但现在却是覆盖整个地球的主导经济体系并产生着惊人的效应和结果。在马克思的年代，政治经济学是远比现在开放的争鸣领域。但现在，一个自封科学、高度数理化和以数据驱动的经济学占据了正统地位，这是一个由各种自认为理性科学的知识组成的封闭体系，成为国家和资本力量掌控的私密领地。现在的经济学又有了计算机的辅佐，人们越来越倾向于使用不断提升的计算机运算能力（每两年翻一番）来构建、解释和分析与几乎所有事物有关的海量数据。一些获得大公司资助的有影响力的分析师甚至声称，技术的发展将创造理性管理的技术乌托邦（例如人工智能大行其道的智能城市）。这种幻想的先决条件是，如果某事无法用数据来衡量和表述，那么该事物就是无关紧要的或不存在的。但请不要过度自信，大数据尽管有用，但数据不可能穷尽所有未知的领域。大数据并不能帮助解决“异化”或社会关系恶化的问题。

马克思关于资本运动规律及其内在矛盾、其内在不合理性的深刻阐述要远远比当代经济学中单一维度的宏观经济学理论更加尖锐和深刻，因为现代经济理论在解释2007—2008年危机和长期影响时总是捉襟见肘。马克思的分析以及他独特的探究方式和理论模式十分有助于我们理解当今时代的资本主义。他的见解值得我们认真对待和学习。

那么我们能从马克思的资本概念和资本运动规律论述中学到什么？它又如何帮助我们了解目前的困境？这些都是本书将要探讨的内容。

MARX,
CAPITAL AND
THE MADNESS OF
ECONOMIC REASON

第一章

资本作为价值运动的示意图

M A R X ,

CAPITAL AND THE MADNESS OF ECONOMIC REASON

一个货币额转化为生产资料和劳动力，这是要执行资本职能的价值量所完成的第一个运动。这个运动是在市场上，在流通领域内进行的。运动的第二阶段，生产过程，在生产资料转化为商品时就告结束，这些商品的价值大于其组成部分的价值，也就是包含原预付资本加上剩余价值。接着，这些商品必须再投入流通领域。必须出售这些商品，把它们的价值实现在货币上，把这些货币又重新转化为资本，这样周而复始地不断进行。这种不断地通过同一些连续阶段的循环，就形成资本流通。

——《资本论》第一卷

我需要找到一些方法来对马克思政治经济学的鸿篇巨制进行系统化梳理，包括三卷《资本论》、三卷《剩余价值论》，其早期出版的《政治经济学批判》等作品以及后期出版的《政治经济学批判大纲》、恩格斯精心整理编辑的马克思的笔记（也有一些批评和争议）。随后我还需要找到一种平易的方式来概述马克思的基本结论。

在自然科学领域，我们总是会用简单的方法来表示复杂的过程，这有助于清晰显示研究领域的运动过程。水循环图（见图 1–1）就是用简单方法来表现复杂过程的典型，在此我也要借用水循环图来描述资本的运动方式。

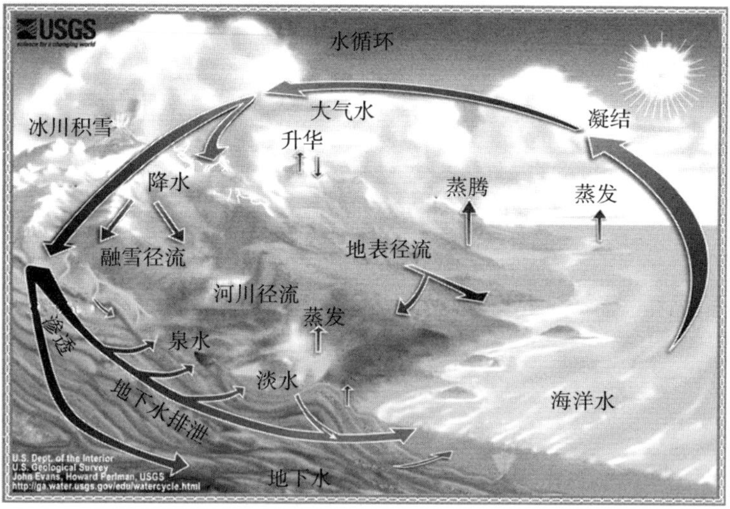

图 1–1　美国地质调查局绘制的水循环图

水循环中最有意思的就是水的形态变化。作为液体形态的海水在太阳照射下蒸发，然后以水蒸气的形式进入空中，最后在空中变成细小水珠组成云层。如果这些细小水珠升得足够高，那就会变成透明的冰晶，在日落时分能折射出令人心醉的晚霞。到了某个阶段的时候小水珠或冰晶就会不断聚集变重，最后在地球引力作用下从云层降落，形成各种形式的降水（雨、雾、露、雪、冰、冰雹和冻雨）。一旦返回地表，有些水直接落入海洋，有些落在高纬度地区或寒冷地区形成固态冰雪，其余的降水则不断汇成小溪和河流（有些水重新蒸发回到大气）或变成地下水并最终奔流入海。水在循环过程中会不断被动植物使用，还有大量的水储存在冰层或地下含水层中。但水的运动速度却有天壤之别。冰川几乎亘古不变，山洪下泻却有奔腾之势，而某些地表水在多年的时间里也仅有几公里的运动变迁。

我最喜欢水循环模型的一点就是，尽管水以不同形态、不同状态和不同速度在运动，但最终都回到了海洋重新开始循环，这与资本流动极为相似。最初货币资本购买商品然后经过生产过程变成新的商品并在市场中售出（货币化），并以不同形式分配给不同的参与者（以工资、利息、租金、税收和利润等形式），然后再度变成货币资本。然而，水循环与资本循环之间存在一个重大差异。水循环中的驱动力来自基本恒定的太阳能（尽管有些波动），太阳传递给地球热能的不均衡性引发了地球的许多重大变化（造成地球冰河期或炎热阶段）。近来由于温室气体（由化石燃料燃烧引起）的影响，地球吸收的太阳热能大幅增加，导致地球变暖。尽管冰川会融化，地下水会枯竭，但地球表面水的总量基本恒定或仅仅发生很细微的变化（以人类历史尺度而不是地质历史尺度来衡量）。在资本循环中，资本循环动能更加多元化，另外由于增长的要求，资本的量会在运动中以复合速度不断扩大。水循环更像一个真正的循环（尽管有全球变暖加速的迹象），而资本循环则更像不断扩张的螺旋。

价值运动

那么，价值运动示意图该怎样画才能表现马克思关于资本的概念呢？首先还是要从马克思对资本的基本定义出发，即一种运动中的价值。在此我会尽量使用马克思的原文，然后在论述过程中详述其含义。马克思的许多术语都不是直白的，从表面上看有些令人糊涂甚至让人感到神秘。其实马克思的概念并不难理解，我希望能用马克思自己的语言来剖析马克思关于资本的叙述。

那么运动中的“价值”是何意思？马克思对这个词语的定义是非常特殊的，所以这是第一个需要加以解释的术语。[1]下文会详细展开论述这一概念。但其基本定义就是：在竞争性定价市场中通过商品交易为其他人提供的社会劳动。虽然有些拗口但其实理解起来并不太难。例如我是一个鞋匠，我有鞋子，做好鞋子之后卖给别人，然后用卖鞋得到的钱去买我想要的衬衫。在这样的交换过程中，实际上我是用自己制造鞋子的劳动时间去跟别人制造衬衫的劳动时间做交换。在竞争性经济中，有许多人在制造衬衫和鞋子，但如果在制鞋上花费的平均劳动时间要高于制造衬衫的劳动时间，那么鞋子的平均成本应该高于衬衫。鞋子价格会趋于平均水平，衬衫的价格也会趋于平均水平。这些平均水平差异的背后原因就是价值差异。例如，一双鞋相当于两件衬衫。但值得注意的是，这里所强调的是平均劳动时间。如果我作为个体在鞋子上花费过多的劳动时间，那我不会获得相应的回报，这会变成鼓励落后，我只能拿到相当于平均劳动时间的价值。

马克思将价值定义为社会必要劳动时间。我花费时间制造别人会购买和使用的东西，这其实是一种社会关系。这种社会关系就像地球引力那样，看不到摸不着但又客观存在。我们无法敲碎一块石头找出其中的“引力”，也不能撕烂一件衬衫来找到其中“价值”的原子。两者都是具有客观物质影响的非物质关系。这一概念的重要性无论如何强调都不过分。机械唯物主义，尤其在经验主义体系中，往往不承认任何不能被物理记录或直接衡量的事物或过程。但是我们却要不断使用“价值”这样的概念。如果我说“中国的政治权力高度分散”，即便我们不能马上到中国的街道上去测量，但大多数人也会明白我的意思。历史唯物主义承认这种非物质的客观力量。我们常常用这些概念来解释柏林墙的倒塌、特朗普的当选、民族认同感以及本地居民根据自己的文化规范生活的意愿。我们用非物质性的术语来描述权力、影响力、信仰、地位、忠诚度和社会团结等社会特性。马克思的价值也是这样的一个概念。他认为，资本从某一方面来说又是价值，也就是某种非物质的东西，同它的物质构成无关的东西。[2]

鉴于这种情况，这就急需出现某种形式的有关价值的物质代表，即我们可以接触、持有和衡量的东西。这种需求是由货币来满足的，货币成了价值的表现形式。价值是一种社会关系，而所有社会关系都超脱直接的物质关联。钱是这种社会关系的物质代表和表达。[3]

如果资本是运动的价值，那么价值又如何运动、在哪里运动以及为何要运动并表现为不同形态呢？为了回答这个问题，我构建了马克思描述的资本流动图（见图 1–2）。这幅图虽然表面看上去有些复杂，但其实并不比水循环示意图更难。

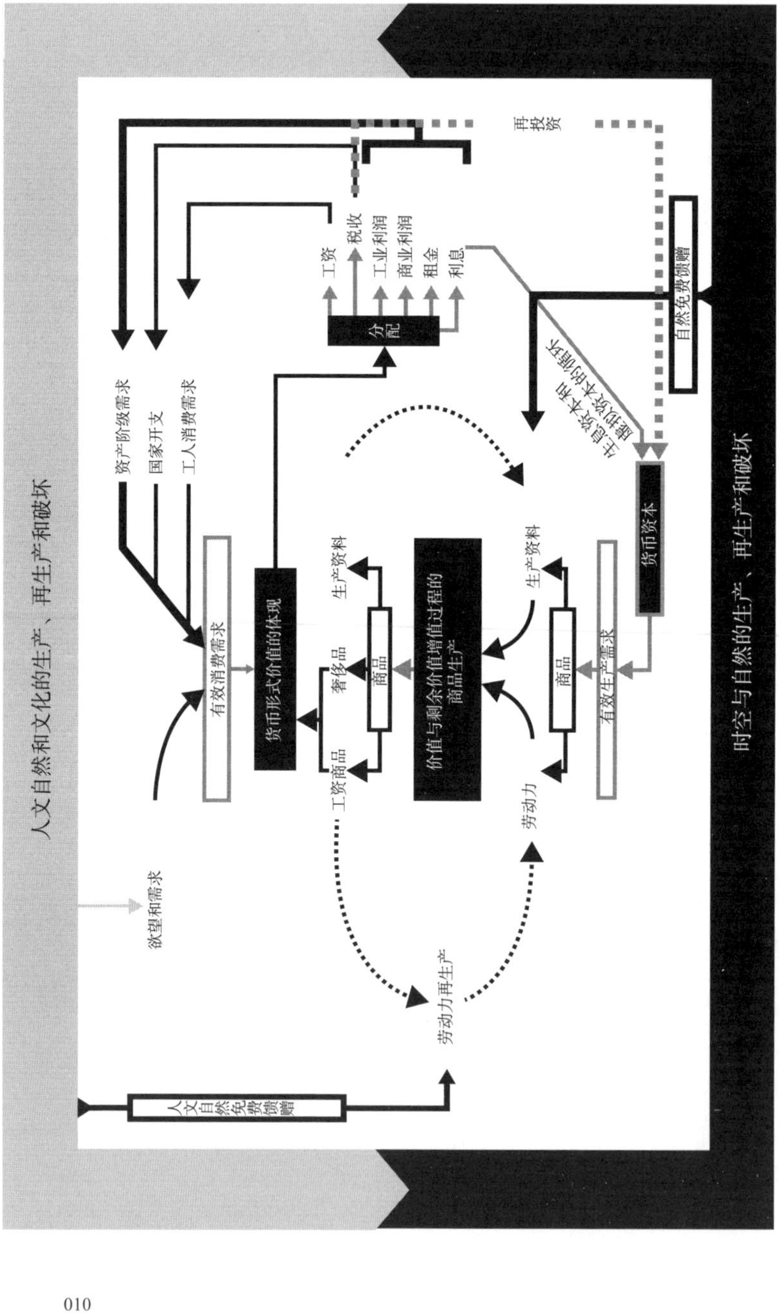

图 1-2 根据马克思政治经济学绘制的价值运动示意图

货币形式的资本

资本家占有一定数量的货币用作资本。在这里假设已经存在一个发达的货币体系，在社会上流动的货币通常情况下可用于各种各样的途径。货币的汪洋中有一部分成了货币资本，但并不是所有货币都是资本。资本是某种特定用途的货币。这个区别是马克思理论的基础。他不支持（虽然他有时也将其默认为普遍理解）将资本定义为用来赚钱的钱。马克思更喜欢他“运动中的价值”的定义，随着论述的深入，这一定义的意义也会不断体现。例如，通过这样的定义马克思就可形成对货币的批判视角。

在有了资金作为资本后，资本家就在市场上购买两种商品：劳动力和生产资料。这里假设工资劳动已经存在，而劳动力正在等待被收买。在此也假定工人阶级已经成功地被剥夺了对生产资料的使用权，因此必须出卖劳动力才能生存。这种劳动力的价值是以既定生活水平的生产成本来确定的。这相当于劳动者生存和繁衍所需的一系列商品的市场价值。但请注意，资本家不购买劳动者（这是奴隶制)，而是在一段固定的时间内（例如每天 8 小时内）购买劳动者的劳动。

生产资料是各种形式的商品：直接从大自然中免费获取的原料、汽车零部件或硅片等半成品、机器和驱动机器的能源、工厂和周边基础设施（道路、下水道和供水等系统，这些可能是国家免费提供或由许多资本家和其他用户集体支付）。虽然其中一些可以公用，但大多数商品必须以代表其价值的价格在市场上购买。所以不仅必须存在货币体系和劳动力市场，还必须有一个完善的商品交换制度和充足的物质基础设施以供资本使用。正是出于这个原因，马克思坚持认为，资本只能发生在已经建立的货币、商品和雇佣劳动的流通体系之内。[4]

在此循环过程中的价值发生了形态变化（就像液态水在水文循环中变成水蒸气一样）。资本最初是以货币的形式出现的。现在货币的形态不见了，并开始以商品——等待用来增值的劳动力和生产资料——为幌子。马克思始终紧紧把握价值观念，并由此研究价值从货币形式向商品形式转变的性质。这种形态变化会产生问题吗？马克思提出这个问题让我们思考。马克思从中看到了危机的可能性，当然也仅仅是可能性。

商品生产和剩余价值生产

一旦劳动力和生产资料被资本家成功控制，就要通过劳动过程生产出等待销售的商品。在这里，价值变成劳动生产的新的商品形式。价值是在从实物（商品）到过程（赋予商品价值的劳动）到实物（新商品）的运动过程中产生和维持的。

劳动过程需要采用某种技术，技术特点则决定了资本家此前在市场上购买的劳动力、原材料、能源和机械的数量。简单地说，生产投入的比例会随着技术的变化而变化。同样，在生产过程中劳动力的生产效率也取决于技术的发达程度。少数使用尖端技术的劳动者生产出的部件比数百名使用原始工具的工人要多得多。在落后技术下生产出来的每个部件的价值也远低于先进技术生产的部件。

对马克思而言，技术问题在几乎所有经济分析中都有重要作用。马克思对技术的定义是广泛而全面的。技术不仅涉及机器工具和能源系统的运行（硬件），还包括组织形式（劳动分工、合作结构以及公司形式等）和控制系统软件、时效和运动研究、即时生产系统以及人工智能等。在竞争激烈的经济体系中，企业对技术优势的争夺会产生技术和组织形式上的跨越式革新。出于这个原因（以及其他我们稍后将要研究的更多细节），资本成为世界历史上永久性的革命力量，而生产活动的技术基础始终在变化。

这里存在着一个马克思重点研究的矛盾：技术越发达，生产出单位商品所需的劳动就越少。更令人头疼的是，如果商品的总产出不足以补偿个别商品的价值下降，那么总价值可能会减少。如果生产效率翻倍，那么必须生产和销售两倍的商品数量才能保持总价值不变。

但在物质商品生产过程中总会有一些其他事情发生。要了解这一点，我们就必须回到劳动价值理论。劳动力的价值相当于在一定生活水平上再生产劳动力所需的商品的成本。这个值可能随着时间的推移而有所不同，但是在给定的合同期内却是已知的。在生产过程的某个时刻，劳动者已经创造了与劳动力价值相当的价值。同时劳动者也成功地将生产资料的价值转移到了新商品中。按马克思的说法，在工作日中的某个时点，劳动者已经产生了相当于 V（马克思称之为“可变资本”的劳动力价值）的价值，并将 C（马克思称之为“不变资本”的生产资料）转移到了新商品中。

但劳动者在过了这一时点后并未停止劳动。雇佣合同说工人应该为资本家工作 10 个小时。如果劳动力价值在前 6 个小时内就完成了，那么劳动者无偿为资本家劳动的时间就是 4 个小时。这 4 个小时的免费劳动创造了马克思所说的剩余价值（他定为 S）。剩余价值是货币利润的根源。困扰古典政治经济的难题，即利润来自哪里，就此迎刃而解。商品的总价值为 C + V + S，而资本家计算的却是 C + V。

请注意这里的重要一点：生产出来的是物质商品，价值和剩余价值凝结在商品形式中。当我们寻找运动中的价值时，它只是作为工厂车间的一堆产品存在。无论我多么努力去翻找这堆产品，都不可能看到运动中的价值的迹象，唯一实现的办法就是资本家赶紧把产品推向市场卖掉，然后将隐藏的价值转换成货币形式。

但在我们跟着钱袋去市场之前，我们还需要认识到隐藏在生产环节中的事情。那里产生的不仅是新的物质商品，还有剥削劳动力的社会关系。资本主义生产具有双重特征，它不仅需要生产物质商品，还要为资本家的利益生产剩余价值。在一天结束的时候，资本家只关心剩余价值，这些价值将被转化为货币利润。他们对生产的具体商品则漠不关心，如果市场需要毒气，那么资本家也会生产。这时，资本流动不仅包括商品的生产，也包括以剩余价值形式存在的资本与劳动之间的阶级关系的生产和再生产。虽然维持了市场上（市场公正透明）个体等价交换的表象（劳动者获得劳动力的公允价值），但在劳动过程中资产阶级却获得了剩余价值的增量，这些是不透明的，资本家极力掩盖真相。从外表看，价值似乎具有自我增值的神奇能力。生产是马克思所说的“资本增值”的神奇时刻。僵死的资本（C 为不变资本）只是被转移，而劳动力（V）是唯一可以扩大价值的手段，劳动力具有生产马克思所说的“绝对剩余价值”的作用。这个技术很简单：把工作日延长，超过劳动力价值对应的时间。工作时间越长，资本产生的剩余价值就越多。

这是资本的一个重要特征，在两百多年的历史中充满了关于工作日长短、每星期工作日甚至工作年限的斗争。这种斗争是永无止境的，根据阶级力量的对比变化而反复。过去30年来，有组织的劳动斗争在许多地方开始溃散，越来越多的人需要每周工作80个小时（两个工作）才能求得生存。

资本每一次通过生产过程都会产生盈余，即价值增量。正是出于这个原因，资本主义的生产意味着永恒增长。这就是资本运动的螺旋形式。如果一开始投入那么多钱，到最后也只能拿回那么多钱，就不会有人去组织生产了。资本的激励来自货币利润，手段则是在生产中创造剩余价值。

货币形式的价值实现

在成功的市场交易过程中，商品在市场上被卖掉，价值就会变回货币形式。为了实现这一点，必须有相应支付能力（有效需求）支持的对商品使用价值的需求。这些条件并非自然形成。资本主义有着悠长而复杂的制造欲望和需求的历史。此外，有效需求与我们将要谈到的货币分配也有联系。马克思把这个关键的价值形态转变称为“价值实现”。但是当价值从商品转变为货币形态时，这种转换并不一定会顺利进行。如果没有人对某商品有需求或需要，那么无论该商品在生产中耗费了多少劳动时间，它都没有价值。因此，马克思指出，要想维持价值流动，就必须实现价值生产与价值实现之间的“矛盾统一”。要记住这一点，因为这在马克思的思想体系中非常重要。后面我们将再次审视在这个环节发生危机的可能性。

马克思区分了在价值实现时的两种消费形式。第一种是他所说的“生产性消费”，就是把生产创造的使用价值作为资本投资的手段再拿去生产与销售。资本家生产所需的所有半成品都必须由其他资本家生产，而这些商品直接流入生产过程。所以社会总有效需求中的一部分是由货币资本购买的生产资料构成的。资本家对这些商品的需求和需要也会随着技术和组织创新方面的变化而不断变化。制造犁所需的商品投入与制造拖拉机所需的商品投入大不相同，而制造犁、拖拉机与制造飞机所需的材料又有天壤之别。

第二种则是最终消费，其中包括工人生存繁衍所需要的工资商品、主要由资产阶级消费的奢侈品以及维持国家机器所需的产品。在最终消费中，商品完全从流通中消失，这与生产性消费不同。《资本论》第二卷最后几章专门研究为了维持价值流动的顺畅，工资商品、奢侈品和生产资料三者必须达到的均衡状态。如果无法找到最佳比例，那么其中一些价值将不得不被毁掉以使经济保持均衡的增长路径。正是在价值实现和转化的论述中，马克思建立了保持有效需求甚至在某些情况下推动整体资本流动的理论。

货币形式的价值分配

一旦价值通过市场销售从商品转为货币形式，那么这笔资金就可以分配给所有的参与者，出于这样或那样的原因，他们可就其中的部分权益提出要求。

雇佣劳动

劳动者将以货币工资的形式获得部分价值。阶级斗争的状态是确定劳动力价值的因素之一。劳动力可以通过阶级斗争来提高工资和改善生活条件。相反，有组织的资产阶级反击可能会降低劳动力的价值。但如果工资商品（劳动者生存繁衍所需的商品）越来越便宜（例如通过便宜的进口或技术变革），工人在物质生活水平提高的同时也可能会减少在价值分配中的份额。这是近来资本主义发展史的一个重要特征。普通工人在国民总收入中的份额都在下降，但从表面上看现在工人都有了手机和平板电脑（好像生活变好了）。而同时 1% 的最富有人口却占有了越来越多的价值份额。马克思尽力说明，这并不是自然法则，而是在缺乏反抗的情况下资本所追求的必然结果。虽然所产生的价值在资本和劳动力之间分配大体上取决于劳资双方的组织程度，但劳动力中的个别群体却因技能、层次和地位获得不同薪酬，同时也可能因为性别、种族、民族、宗教和性倾向等差异而产生薪资差别。然而需要说明的是，无论何时何地，资本都会将人的技能、能力和力量当作免费商品而据为己有，蕴藏在工人阶级中的知识、学识、经验和技能都是资本所依赖的劳动力的重要属性。

以工资形式归劳动力所有的资金通过购买与劳动力有效需求相对应的工资商品再次返回资本的整体流通中。这种有效需求的弹性取决于工资水平和雇佣劳动的规模。然而在工资回归流通环节时，劳动者成为买家而资本家成为卖家。因此，当工人在行使有效需求时会有一定程度的消费选择自由。马克思说，如果工人有吸烟的习惯，那么烟草就是工资商品！在社会发展中会形成明显的文化习俗和生活习惯，而资本往往会利用这些特征来生产适销产品并赚取利润。

工资商品支撑了社会再生产。资本主义的兴起造成了商品价值和剩余价值生产与社会再生产活动的割裂。资本实际上要依靠工人及其家庭的繁衍（也许会有一些来自国家的帮助）。马克思研究资本并将社会再生产视为独立于资本的活动领域，这一领域其实是在为资本提供免费馈赠，资本无须负责劳动者的繁衍成长，但劳动者却以合格劳动力的状态为资本所用。在这个社会，在生产领域内的社会关系及其社会斗争的形式与资本增值（阶级关系占主导地位）或价值实现（买卖双方博弈）环节有很大差异。性别、父权制、亲属关系和家庭以及性取向等问题在这一领域变得更加突出。再生产中的社会关系也会在精心组织下，通过教会、政治、教育以及各种社区组织等一整套制度安排，影响到日常的政治生活。尽管家政和护理领域也存在雇佣劳动，但在社会再生产领域，这方面的工作一般是自愿和无偿的。[5]

税收

价值和剩余价值的一部分会以国家税收、对其他公民社会组织（例如教会）的贡献以及对社会机构（例如医院和学校）的慈善捐款方式被拿走。马克思没有对这方面展开详细分析，但他对税收问题也一笔带过，这是非常令人惊讶的，因为他对古典政治经济学批判的主要对象就是大卫·李嘉图的《政治经济学及赋税原理》。我怀疑马克思没有展开论述的原因是，他想单独著书（按《政治经济学批判大纲》中的计划）来论述资本主义国家和社会。马克思的习惯就是要对税收这样的大问题进行深入系统的思考，然后才落笔成文。由于马克思对此什么都没写，因此这在他的理论上就成了空白。但在马克思不同的著作里，他都将国家视为确保资本流通的积极因素和要素。例如资本主义国家保证了资本主义市场机构和治理的法律与司法基础并承担了许多监管功能，在劳动政策（工作日长短和工厂行为）、货币（造币和法定货币）以及金融体系的制度框架方面确立规则。根据恩格斯整理的《资本论》第三卷的内容，马克思对金融体系的问题尤为热衷。国家对有效需求可施加很大的影响，例如国家可通过采购军事装备以及各种用于监控和行政管理的装备。此外，国家还投资公共品和公用设施的建设，例如道路、港口以及供水和污水处理设施等。在发达资本主义国家，国家还承担了资助研发（主要是军事用途）等功能。此外，国家还作为再分配机构调剂收入并为工人提供教育、医疗和住房等保障。

现在，国家活动越来越广泛，有些甚至开始直接追求经济的国有化，因此，现在已经有分析人士开始专门论述国家垄断资本主义理论。这种资本主义与自由竞争资本主义的规则不同，而马克思以及之前的亚当·斯密都是在自由竞争条件下探讨资本运动的规律。国家参与程度及其相关税收水平在很大程度上取决于阶级力量的对比。这也取决于人们对国家干预资本流动的优缺点的认识以及对国家在国际地缘政治中的地位和作用的判断。在大规模危机之后（如20世纪30年代的大萧条），人们往往会呼吁加强有效的国家干预。在地缘政治威胁加剧的情况下（无论是真实还是想象），军事开支和相关费用就会明显增加。军工体系的影响力是不可忽视的，因为资本流通明显地受其影响。

税收资金最终会用在国家支出上，而国家支出又会反过来影响对商品的需求。国家消费有助于市场上的价值实现。当资本流通遇到困难或缺乏活力时，国家刺激有效需求的策略（如凯恩斯理论所设想的）便成为现实的选项。对因利润率太低而无法鼓励私人投资的情况，最典型的做法是制订各种刺激计划，通过一系列的国家干预措施来提振经济中的有效需求。为此，国家通常会从银行和金融机构（最终是通过这些机构向民众）借钱。

在其他情况下，这些资金也会直接流向资本主义生产方式的再投资，但此时就是以国有经济的形式。在20世纪60年代的英国、法国和日本等国，主要行业都属于国有，今天中国的国有经济依然掌控着国民经济命脉。这些国有企业名义上独立于政府机构，但在资本流动方面，其主要作用是生产公共品而不是赚取利润。资本流动的很大一部分是通过国家机构进行的，如果不考虑这一点，那么对资本运动的考察就是不完整的。可惜马克思并未将此纳入他的整体理论。相反，马克思始终在完全自由竞争的条件下考察资本运动，而把国家干预放在一边。

不同资本类型的分配

在劳动者和国家拿走部分价值之后，剩下的那部分价值和剩余价值不管多少都会在不同类型的资本家之间分配。单个资本家是根据其预付资本的数量而不是其生产的剩余价值来获取价值和剩余价值的份额的，原因将在下文谈到。

地主或房地产业主会以土地租金和房租的形式拿走部分剩余价值。知识产权的所有者也可通过许可费用和特许使用费获得剩余价值。因此当代资本主义中“寻租”是极为重要的。商业资本家也要拿走属于自己的那部分，银行家和金融资本家同样要拿，因为这些货币资本家在促进和推动货币转化成货币资本方面发挥了关键作用，由此资本才能完成周转并回到增值过程。上述这些资本家都会以工业资本利润、商业资本利润、土地租金、其他产权收益以及货币资本利息等形式瓜分剩余价值。

这些分配形式中的每一种都可追溯到资本流动形式兴起之前的时代。在对历史的叙述中，马克思承认这种历史传承的重要性并将之称为资本大洪水到来之前的资本形式。他对这些资本类别和权益的理解方法是相当特别的。马克思问道，工业资本家作为商品价值和剩余价值的生产者究竟有多愿意将货币化的价值和剩余价值分给其他人？商人、地主和银行家在成熟的资本主义制度下又发挥了什么不可或缺的作用呢？这最终会引向一个问题，即这些资本家通过什么政治和经济方法来达到无耻占有本来属于工业资本家的剩余价值，且其所得远远超过其本身应得的部分？资产阶级内部的斗争无处不在，马克思在对银行和金融的初步探讨中也承认这一点。但他最重要的贡献还是来自他对第一个问题的回答，而把回答第二个问题所涉及的综合条件和力量平衡则留给我们去研究。

然而要注意将价值分配看作剩余价值生产被动结果的错误倾向。马克思的论述表明，分配并不由生产决定。金融和银行绝不是在那里坐等货币形式的剩余价值按等份分配到它们手里。通过有息资本流通，金融和银行是让资金不断流转回剩余价值生产环节的活跃中介和机构。以中央银行为首的银行体系是创造货币的熔炉，但不考虑生产中的价值创造。因此金融家和银行家不仅仅是过去价值生产的受益者，更是未来价值流通的推动者。生息资本的流通必然要求基于所有权的回报，这就为始终是一元化概念的价值运动流增添了二元性。工业资本家就承担了这样的双重角色：作为剩余价值生产的组织者，他们会遵循一套规律；同时作为货币资本的所有者，他们也能通过预付资本获得利息回报。他们要么从别人手里借钱来开展业务，要么把钱借给别人收取利息。

这就为资本循环引入了所有权和管理权这一日益重要的概念区分。股票持有人要求其货币资本取得投资回报，而管理层通过积极组织商品形式的剩余价值生产来获得其剩余价值份额。一旦生息货币资本流通在资本概念中获得独立地位，那么资本作为价值运动的动力就会分解。股票持有人和投资者（货币资本家）会崛起成为新的阶级，他们通过到处投资资金来获得货币收益。这一阶级的出现加快了货币向货币资本的转变。没有资本运动，资本在生产过程中就不会增值，也就不会有货币资本的增长或回报。同时，这一强大和有影响力的资本部分也具有纯粹货币取向，可以通过生产增值之外的手段轻松获得回报。如果参与土地、财产和自然资源的投机或投资商业经营能带来良好的货币回报，那么投资者就会把资本投向那里；如果购买政府债务的收益高于生产所得，那么货币资本就会倾向于购买国债而减少对生产的投入。

马克思认识到这种可能性。但他倾向于认为资本最终还是会回到生产，理由是，如果所有人都投资于土地或商业活动而没有人投资于价值生产，那么后者的回报率将飙升，此时资本就会回到马克思认为最重要的生产环节。马克思认为，最糟糕的情况无非就是（至少对商业资本和利息而言）：随着时间的推移，生产环节的利润率和其他部门的利润率趋于平均。但即便如此，作为价值运动的资本也不能被看成是单股流动，而是分成各种支流，各支流还往往有不同的特征。这就像在水循环体系中，降水也有许多不同的形式。例如在近期，资本流向价值生产环节相对较少，而货币资本在其他投资回报率较高的地方（如土地和房地产投机）则相当活跃。这就导致了2007—2008年金融危机以来，全球经济大部分地区的价值生产都陷入了长期停滞。

这其中矛盾的因素是，金融体系内部的债务创造成为进一步积累的持续动力。疯狂追逐利润就需要疯狂举债，但某些疯狂举动必须要有资本增值的配合才能延续。然而价值并不总是会像最初资本投入生产那样回到生产增值环节，价值在运动过程中发生变化，又在变化中不断扩展。但现在资本的扩张不仅是对剩余价值的追求，还必须偿付在分配渠道中堆积的债务，这些债务本身是为了让资本流动更为顺畅。

价值运动的推动力

这里的资本流动示意图（图 1–2）当然是经过简化的。但这种简化是有理由的。它描绘了资本整体流动过程中的四个基本过程：资本在生产过程中产生剩余价值的增值过程；通过市场上的商品交换将价值转化为货币形式的价值实现过程；各方对价值和剩余价值的分配过程；将分配出去的部分资金收回来转换为货币资本，从而继续投入增值的过程。每个具体过程都在某种程度上独立存在，但所有这些过程都整合在价值流通中。正如我们将要看到的那样，价值运动统一性中的这些具体性在构建《资本论》文本方面具有重要作用。《资本论》第一卷的重点是资本增值，第二卷是关于价值实现，第三卷则主要论述各种形式的分配。

此外，《资本论》也简要解释了资本流动的推动力或动机。最明显的推动力就是：资本必须增值，如果在生产增值结束后获得的资本不能超过最初投入的资本，那么没有任何一个理性的资本家会费心尽力去组织商品和剩余价值生产。简而言之，追求利润就是其动机。当然，我们可以把这归因于人类的贪婪，但马克思并不愿意简单地将其当作道德缺陷。社会发展需要有人去组织生产人类所需的使用价值。由于利润来自剩余价值生产，因此价值增值过程具有的内在激励机制会无限持续下去，这一切的基础就是在生产过程中对活劳动的剥削。这意味着剩余价值生产的永恒性扩张。资本生产的循环成了永远增长和扩张的螺旋。

马克思对于价值实现过程中也存在推动力的观点持否定态度，但并未给出足够的理由。人们对不同使用价值的欲望和需求变化其实也会产生推动力。虽然马克思倾向于将欲望和需求看作资本所定义的“理性消费”，但情况可能不是如此。例如，如果相当一部分人口（是工人阶级还是资产阶级并不重要）希望改善与自然的关系，那么导致环境恶化、物种损失以及气候变化等现实资本主义做法可能就会出现调整，那么资本的整体流动过程可能会发生方向的改变。如果这些愿望和需求都有支付能力的支持（国家提供的新能源补贴和鼓励措施也能发挥作用），那么环保设施和可再生能源就有可能开始取代传统化石燃料。

马克思没有考虑这样的问题，但是根据马克思的想法构建的示意图，却自然而然地提出了这些问题。此外，国家可以成为资本积累的驱动力，因为国家能对军事装备、警察和监视技术以及各种社会控制工具的有效需求产生重大影响，更不用说对各种日常管理和治理的需求。政府的影响力是如此强大，以至于在某些历史时期一些分析人士倾向于将凯恩斯主义当作资本积累的主要驱动力。国家对促进创新和技术变革其实也发挥了非常重要的作用。关于价值实现的政治和社会斗争实际上比比皆是，但它们与围绕着增值的传统斗争有着不同的社会结构和意义。这是因为价值实现的基本社会关系是买卖双方的关系，而不是增值过程中的劳资关系。

价值分配领域内的社会和政治斗争也同样不能忽略。但如果想弄清这些问题，就必须在马克思思考的基础上继续深入，因为马克思的分析局限在这样一个问题上：在完全的资本主义条件下为什么这些分配形式可以存在？其实应更加深入地看到地主、商人以及金融资本家是为了自身利益而形成的独特阶层，这些群体都在努力实现自身所获价值的最大化。那么接下来一个大问题就是，地主、商人和金融家为何要把钱再投回到增值生产过程中，他们从组织生产的资本家那里分得远超他们应得的部分，然后就此躺在那里享受不是更好吗？既然能够坐地收租，为何他们还要跟生产扯上关系？

这里，生息资本流动的独特方式发挥了重要作用。通过创造债务，其中包括通过完全独立于价值生产的银行货币创造形式，分配环节产生了持续资本循环的强大动力。甚至可以说，偿还债务跟追求利润一样是推动未来价值生产的重要动力。债务是对未来价值生产的要求，因此，债务可抵消未来的增值。还不起债就成了资本流动系统的一切危机源头。

从整体资本流通过程来看，保持系统运转和维持运动的动力有着多重诱因，价值运动并不缺乏推动力。但这也意味着，价值运动过程中会遇到多重威胁和困难。我们将在下文中展开论述。

MARX,
CAPITAL AND
THE MADNESS OF
ECONOMIC REASON

第二章

《资本论》介绍

M A R X ,

CAPITAL AND THE MADNESS OF ECONOMIC REASON

积累的第一个条件，是资本家能够卖掉自己的商品，并把由此得到的绝大部分货币再转化为资本。下面假定资本是按正常的方式完成自己的流通过程的。对这一过程的详细分析要在第二卷里进行。

生产剩余价值即直接从工人身上榨取无酬劳动并把它固定在商品上的资本家，是剩余价值的第一个占有者，但决不是剩余价值的最后所有者。以后他还必须同在整个社会生产中执行其他职能的资本家，同土地所有者等等，共同瓜分剩余价值。因此，剩余价值分为各个不同的部分。它的各部分归不同类的人所有，并具有不同的、互相独立的形式，如利润、利息、商业利润、地租等等。剩余价值的这些转化形式要在第三卷里才来研究。

因此，我们在这里一方面假定，生产商品的资本家按照商品的价值出售商品……另一方面，我们把资本主

> 义的生产者当作全部剩余价值的所有者，或者，不妨把他当作所有参加分赃的人的代表……
>
> **《资本论》第一卷**

如果资本循环示意图可以合理地表达马克思关于资本价值运动方式的设想，那么三卷《资本论》又分别论述了这张循环图上的哪些部分？

第一卷

除前面三章的概述之外，《资本论》第一卷大部分篇幅就是在讨论资本的增值过程，从货币转变成资本的那一刻起一直到价值在市场上以货币形式实现为止。工资购买商品实现劳动力再生产以及利润进行再投资都跟资本循环相关，但相对独立于从货币到商品，再到生产过程，再从商品又回到货币形式的循环。整个流通过程中的一切都被认为是以“正常的方式”运行，我认为马克思的原意是指无障碍运行。马克思假设所有商品都能按其价值交换，这意味着价值能在市场上以货币形式充分实现。虽然剩余价值在流通过程中也要有分配，但马克思假设这里的分配并不重要（除了工资与利润之间的一般差异），由此避免了将问题复杂化。也许马克思意义最重大和最深远的假设是生产和交换过程中不可撼动的私有产权。正是在这种情况下，马克思做出了市场完全竞争的假设。[1]他接受了亚当·斯密的“看不见的手”的理论，尽管他坚持认为看不见的手是劳动力的手而不是资本的手。马克思为何做出这样的假设是很有意思的问题。我的猜想是，马克思写《资本论》的主要意图是要打破当时政治经济学家对正在推广的自由市场资本主义的乌托邦幻想。马克思想要说明，市场自由不会产生对所有人都有利的结果，亚当·斯密和其他政治经济学者的假定是错误的。相反，马克思认为资本主义只会造成无产阶级赤贫而资产阶级暴富的不公平社会。

在完成了这些假设之后，马克思就开始着手分析资本增值过程中的奥秘。首先，他研究了在自由市场平等交换条件下，资本增值过程中对活劳动的剥削。资本家支付给劳动者劳动力报酬，然后利用他们来生产出要比劳动力出卖劳动时间获得的报酬更多的价值。值得注意的是，剩余价值生产和劳动剥削发生在生产过程中，而不是在市场交换环节。随后马克思区分了绝对剩余价值和相对剩余价值。相对剩余价值理论解释了因为资本主义竞争所推动的资本主义内在的技术和组织活力。生产率的提高降低了劳动者再生产所需的商品价值。这意味着劳动力价值下降（假设生活水平不变），由此就给资本家留出了更多的剩余价值。

资本家对市场份额的竞争将简单的再生产循环转化为永远为积累而积累的螺旋形式。最后，马克思确立了他所谓的“资本主义积累一般规律”的两个动态模式，第一个模式假定技术条件不变，而第二个模式则考虑了技术变革。模式中关注的重点始终是劳动力。在第二个模式中，我们可看到为何资本始终无法摆脱其本性，即无论在生产过程内外都使得劳动者贫困化（在前文已经论述）。这导致产生了大量失业和就业不足的劳动力后备军，劳动者力量被削弱。同时也证实了资本通过对活劳动的不断剥削来最大限度地提高剩余价值生产能力的结论。结论如下：

在资本主义体系内部，一切提高社会劳动生产力的方法都是靠牺牲工人个人来实现的；一切发展生产的手段都变成统治和剥削生产者的手段，都使工人畸形发展，成为局部的人，把工人贬低为机器的附属品，使工人受劳动的折磨，从而使劳动失去内容，并且随着科学作为独立的力量被并入劳动过程而使劳动过程的智力与工人相异化；这些手段使工人的劳动条件变得恶劣，使工人在劳动过程中屈服于最卑鄙的可恶的专制，把工人的生活时间变成劳动时间，并且把工人的妻子儿女都抛到资本的札格纳特车轮下。但是，一切生产剩余价值的方法同时就是积累的方法，而积累的每一次扩大又反过来成为发展这些方法的手段。由此可见，不管工人的报酬高低如何，工人的状况必然随着资本的积累而日趋恶化。最后，使相对过剩人口或产业后备军同积累的规模和能力始终保持平衡的规律把工人钉在资本上，比赫斐斯塔司的楔子把普罗米修斯钉在岩石上钉得还要牢。这一规律制约着同资本积累相适应的贫困积累。因此，在一极是财富的积累，同时在另一极，即在把自己的产品作为资本来生产的阶级方面，是贫困、劳动折磨、受奴役、无知、粗野和道德堕落的积累。[2]

关于这个结论可以说明两点。首先，马克思在这里揭露了自由市场资本主义的反乌托邦后果。毫无疑问，从工业化时代的英国到当代的孟加拉国或中国深圳的工厂，资本主义和劳动阶级的历史都有充分的证据表明，马克思所描述的剥削条件总是反复出现，而过去40年来发达资本主义国家所采取的自由市场政策更是产生了越来越大的阶级不平等。但也有充分证据表明，情况并非全然如此，在资本体系中也确实出现了劳资关系改善、劳动阶级获得救赎的现象。例如世界许多地方的劳动者的预期寿命都出现上升而不是下降。世界上至少有一些地方的一般劳动者的生活方式并不全是厄运和凄惨，在某些地方，他们甚至迷失在补偿性消费主义的迷雾中。

马克思在第一卷中的结论完全取决于他所设定的假设。在任何建模练习中，只要改变假设就会改变结果。第一卷从价值运动的角度提供了整体性观点，这是极其宝贵的，但并不充分。

第二卷

在第二卷中，马克思希望研究资本进入市场期间和之后的资本循环。这延续了第一卷中对价值运动的阐述。价值从商品形式转变到货币形式是关键的一步，只有当价值和剩余价值以货币形式实现时，价值生产的实际成果才能被看到和被衡量。只有到了这一步，我们才能有实质的证据表明剩余价值被生产了出来。

第二卷从价值实现及其后续流通的角度提供了资本整体循环的视角。马克思在某些假设下来研究资本循环。首先他假定技术不变。他完全略过了第一卷中对技术变革的深入研究。“因此，这里不但假定商品是按照它们的价值出售的，而且假定这种出售是在不变的情况下进行的。所以，也把在循环过程中可能发生的价值变动撇开不说。”[3]但如果假定价值生产率无关紧要，似乎是不切实际的，所以马克思一开始强调说这只是为了方便起见，他后来说，“就价值的革命而言，什么也没有改变”。[4]

其次，他忽略了除工资和利润总额外价值分配的情况（如第一卷），这部分马克思留到了第三卷再加以说明。最后一个假设尤为难以把握，因为马克思在第二卷中反复说明，不同周转时间和固定资本投资能通过信用制度来解决。但他在第二卷中未对这样的解决方法进行阐述，因为他尚未提出利息和金融理论。[5]鉴于马克思对价值实现问题的兴趣，他最令人诧异的假设是所有商品都按价值交易。这是他在第一卷中的假设，因此在第二卷中依然看到这样的假设是令人惊讶的。但在第二卷中，该假设却有非常不同的作用。他从一切都处于均衡状态的假定出发，然后倒推回去，论述需要怎样的条件才能达到最后的均衡状态。他在第二卷最后部分的再生产图被普遍认为是经济模型的前身，半个多世纪后成为宏观经济学的基础。这些图用数学的方法显示了：要想维持供求平衡，就必须在劳动力的工资商品生产、资本家的投资商品生产和资本家的奢侈品生产之间维持相应比例。

但这一重大甚至伟大的理论建树也不能掩盖其所依据的假设导致的局限。有趣的是，这些模型中都引入了小部分技术变革，但仅仅是实现平衡增长所必需的技术变革。随后的研究表明，确实存在技术演进路径可以确保这些再生产模式的均衡增长，但第一卷中确定的支持相对剩余价值生产的竞争过程必然要限于此路径，因此各部分比例失调所引发的危机是极有可能发生的，甚至是不可避免的。

这些限定的假定条件并不是读通第二卷的唯一障碍。最令人头疼的还是分析的不完整性。恩格斯加在第二卷中的许多材料都是零散的，有些不过是暂时的想法而不是成熟的理论。他们并没有以价值实现并转化为货币形式的角度就资本循环做出明确的解释，因此还需要通过马克思的其他文本来重建马克思的思想，例如《政治经济学批判大纲》中就有许多初步想法可与第二卷中的论点相印证。但初步想法和初步想法加在一起不一定会产生一个明确结论。最多我们只能猜测，如果第二卷得以完成，那将会是什么情况。但与其去猜测马克思的论述中缺失了什么结论，不如去分析如果放弃马克思的假设将会发生什么。

第二卷一开始就将资本循环分解成生产、商品和货币资本三个循环圈，尽管马克思又以“工业资本”笼统称之。单个工业资本家需要扮演生产者、商人和货币管理者这三个有时会有冲突的角色。这预示着《第三卷》将把资本分为不同派别（生产商、商人和金融家）。马克思分析的主要内容表明，货币形式的价值实现的条件取决于资本是否成功实现了价值和商品生产。生产资本和商品资本的再生产也是如此。这些环节相互依赖、相互关联，但又相互独立。工业资本家必须在流通过程中处理所有三个环节。虽然马克思没有明确说，但是确实有很多资本家在组织生产方面是天才，但是在货币管理和市场营销方面却一塌糊涂。

第二卷的前面四章强调了资本必须不断运动，通过生产过程的增值和市场环节的价值实现然后以货币资本形式再投资。技术和组织革命则可能会破坏这种运动，这可能是马克思将创新搁置一边而假定技术不变的原因。当技术变革对这种资本连续运动产生强大和不可预知的破坏时，将很难甚至无法研究生产和流通的连续性条件。马克思分析的总体思路是将资本流分解为三个具有不同特征的支流（类似于水文循环中不同形式的降水）。例如，一般而言，货币的可移动性总是要好过商品，而商品的可移动性又要好过生产。这一点对于了解经济金融化在全球化中的作用具有重要意义。马克思把货币称为资本的“蝴蝶”形态（它轻松自在并可停留在任何想停留的地方）。按照这一隐喻，我们可将商品视为毛虫，生产则为茧。

第二卷的其余部分则是关于价值在市场中的流通和实现，重点关注的是不同周转时间和固定资本循环所带来的问题。马克思在论述中频繁地提到信用制度的必要性，但有关信用制度的部分留到了第三卷。这一部分介绍了不同工作周期（例如制造汽车和制造鞋子所需要的时间）、不同流通时间（产品在被卖掉之前在市场中停留的平均时间）的资本，以及对使用资本的平均周转时间的总体测量。资本主义竞争总是强调速度，加快周转时间，大量创新都是为了这个目的。整体利润会因为周转加速而增长。在生产和营销环节对速度的追求会产生巨大的溢出效应，并从根本上改变日常生活节奏。生产的加快在某种程度上要求消费也相应加快（由此时尚和过时就有了重大差别）。与此同时，更多地依赖固定资本投资来促进生产力的提高也会减缓某些投资的周转时间，对于环境建设的投资尤其如此。虽然固定资本和基础设施投资的资本周转时间放缓，但这是为了推动其他资本周转的加速。在这方面，通过信用制度把冗余资金用在新建、维护和更新长期和大型固定资本投资项目上，就变得极其关键。马克思在第三卷中论述了该问题。

第二卷很难形成一个统一的结论。如果第二卷的论述有一个主题，那就是资本循环始终有不断加速的动力，但也跟第一卷中的结论有了明显的区别：

> 资本主义生产方式中的矛盾：工人作为商品的买者，对于市场来说是重要的。但是作为他们的商品——劳动力——的卖者，资本主义社会的趋势是把它的价格限制在最低限度。——还有一个矛盾：资本主义生产全力扩张的时期，通常就是生产过剩的时期。

> 因为生产能力决不能使用到这个程度，以致它不仅能够生产更多的价值，而且还能把它实现。商品的出售，商品资本的实现，从而剩余价值的实现，不是受一般社会的消费需求的限制，而是受大多数人总是处于贫困状态，而且必然总是处于贫困状态的那种社会的消费需求的限制。[6]

工人阶级的有效需求有保持市场平衡的作用，但正如第一卷中的分析，工人阶级的有效需求永远处于被威胁之中。然而该问题很难引入马克思主义理论，因为这也是凯恩斯的关切之一，在谈论到需求不足的问题时，马上就会有人说是将凯恩斯主义植入了马克思主义，但其实应该是马克思影响到了凯恩斯。但在此我们解释了为什么工薪阶层的命运只能是迷失在补偿性消费主义的迷雾中，因为这正是资本维持其市场的途径。但与第一卷中的情况相似，这一暂定结论也取决于假设。然而不管怎么解释，第二卷中关于这个问题的结论都与第一卷相左。第一卷中提到工人面临工资被不断降低的压力，但第二卷中又强调需要工人的有效需求来稳定经济。这表明了价值运动循环中的矛盾和不稳定性。过去40年来，在新自由主义经济政策下，工人有效需求的力量日渐削弱，这导致了当今资本主义世界许多地区都开始出现经济停滞。

第三卷

第三卷的重点内容是分配。恩格斯也加入了一些其他重要材料，例如关于竞争以及对所谓土地、劳动和资本“三位一体”批评的章节，因为这些本身很有趣，但大部分文本都是关于不同的利润分配形式及其后果。为了论述需要，它把在前两卷中分析的资本的增值和价值的实现问题放在一边，产生相对剩余价值以及形成产业后备军的技术和组织变革也被搁在一边。如同前两卷那样，马克思在这一卷中的分析方法是深入剖析价值循环的某阶段并假定循环过程的条件保持不变。正如本章最开始的导语所示，马克思对此相当明确。铭记这一点后，我们就可考虑价值和剩余价值在支付给工人工资和税金之后如何在不同资本家之间分配。

在单个资本家之间的价值分配

单个资本家受市场力量的推动在竞争中追求利润最大化，因此利润率会趋于平均。这就产生了特别的分配效应。创造的总剩余价值在分配给单个资本家时不是按照其生产的剩余价值而是其预付的资本，马克思风趣地将其称为“资本主义的共产主义”，因为剩余价值在单个资本家之间的分配原则不再是根据资本家雇佣的劳动力数量，而是资本家预付的资本。[7] 发生这种变化的技术原因太复杂，在此无须赘述。但这产生了一个重要的结果：剩余价值的再分配有利于雇佣较少劳动力的资本密集型产业，却惩罚了那些生产出许多剩余价值的劳动密集型产业。在没有任何补贴的情况下，剩余价值生产（劳动者就业）的基础会逐渐削弱。

如果每个劳动者的剩余价值榨取率和劳动力总规模保持不变，那么可用于分配的剩余价值总额就会下降，利润率也会随之下降。这就是资本运动规律中的一个重大矛盾。

在完全竞争的条件下，单个资本家在追求自身利益的同时，会威胁到整个资产阶级群体的再生产。这并不是因为单个资本家愚蠢、贪婪或疯狂，而是因为他们是受市场看不见的手的推动，追求利润最大化而不是剩余价值生产的最大化。换言之，单个资本家的剩余价值分配规律与剩余价值的生产规律相抵触。这种矛盾就制造了危机爆发的可能性。

对马克思而言，或许更重要的是，利润率平均化“完全掩盖和神秘化了剩余价值的真正起源”。[8] 不仅资本家本身无法看到资本的内核，甚至想要分析资本的经济学家也被蒙蔽了。在竞争中，一切都以颠倒的形式表现出来。这些最终建立起的经济关系架构，因其表面可见并客观存在，所以这种关系的所有人和代理人努力去理解它们——与它们的内在架构完全不同，这种内在架构是本质且隐藏的。[9] 马克思的目的当然是为了找出这个潜藏着的神秘内在架构。

工业资本家

为获得商品剩余价值而雇佣劳动力的资本家应具有获得为自己生产的剩余价值的优势，但利润率的平均化让他们只能根据预付资本的数额和税务人员从他们身上抽走的脂油的多少来获得不等的剩余价值。这些资本家必须将部分价值和剩余价值以商业利润、地租以及利息的方式分配给商业资本家、地主和金融资本家。马克思所谓的工业资本家绝对不是拥有剩余价值的特权者，相反，马克思认为工业资本家往往要在满足其他人的分配需求之后才能拿到剩余的部分。

商业资本家

资本如果失去运动就会贬值。将产品推向市场并实现销售需要耗费时间，而时间就是金钱。因此，工业资本家往往倾向于立即将商品交给商人。商业资本家则以有效和低成本的方式组织销售（在此过程中也存在对劳动力的剥削）。仓库、百货公司和配送服务（现在则是越来越多的在线销售）产生了营销规模经济。商业资本家还擅长运用营销策略和说服技巧（例如广告）来影响人们的需求和消费欲望。因此，工业资本家通常有强烈的动机在商品价值实现前按折扣将商品转移给商业资本家。在马克思的模型中，这一折扣就是商业资本家利润的来源。商业大体上不创造价值（除了运输等环节之外），它的主要作用是将工业资本已经生产的价值更加有效、迅速和安全地实现和变成货币。

地主和地租

土地是重要的生产要素，通过土地的私有化来系统地排除劳动力对土地的所有权，这对于劳动力的再生产至关重要。只有这样，工人才必须依靠出卖劳动力求得生存。当美国东海岸劳动力短缺导致工资迅速上涨时，美国就对外来劳工移民开放边境，但当有充足的移民流入后，美国就再次加强了边境控制。这意味着，未经耕种的土地即便没有价值也可以成为商品，按照一定的价格进行交易。土地没有耕种只是因为暂时缺乏劳动力。这就提出了如何理解和分析资本在土地市场循环的问题。

相对于其他形式的经济活动，土地上的资本主义生产者之间的竞争优势会因为土地肥沃程度和地理位置的不同而存在明显的差异。这些差异（马克思通过对他所谓的级差租金的详细调查而进行了研究）可首先归因于自然条件，但随着时间的推移，差异更多的是来自对土地和不动产的投资（最终目标是城市建筑）。同样重要的还有通过对交通和通信的投资和创新而带来的空间关系的革命。位置优势是相对的而不是绝对的，位置偏远、商业价值较低的土地可能会因为铁路或高速公路的修建而骤然升值。

从这些差异优势中提取租金的土地和不动产所有者对一般资本给出了信号：他们为其土地上的工业（农业）资本家的完全竞争提供了均等条件。如果农业资本家甲由于占有优越地理位置或比较肥沃的土地而始终获得比农业资本家乙要多的利润，那么资本主义竞争的驱动力就会永久失效，资本运动也会受损。资本实际上是在向地主提供一个补偿性支付，作为其将劳动力排除在土地之外以及在国内乃至国际市场的不规则空间内创造完全竞争条件的报酬。

马克思主要关注土地不动产和地租的独特的资本主义形式。然而马克思在他对历史的描述中完全承认，在资本主义之前的各种情况中，土地所有权和地租代表着完全不同的社会关系，即便在资本主义发展多年之后，封建土地制度也依然残存。在英国，教会、皇室和若干贵族仍然拥有大量土地。马克思想说的是，如果没有独特的资本主义地租形式，那么资本主义是无法运行的。但马克思没有想到的是，资本主义结构的演变中也会产生新的资本主义地租形式，而寻租可能远远超出一个成熟的资本主义体系运行所必需的程度以及政治上可接受的程度。对土地市场以及自然资源（石油）的投机已经司空见惯，现在资本家更是在通过知识产权来寻租。这是马克思当初没有预料到的情况，但现代研究者必须加以分析。同样，商业资本也已经远远超出了马克思当初所认为的仅为工业资本正常运转服务的范畴，而无论是土地、不动产还是在各类资产市场上，资产所有者都在无所不用其极地扩大寻租和投机。

银行和金融机构

这是资本分配中最复杂和最有争议的环节。如何理解这个环节，对于了解资本的整体循环具有重要意义。近来这一领域备受重视，因为似乎经济金融化对资本流动有着决定性的影响。马克思对此有大量论述，但并没有形成确切的结论，比如如何将他所看到的行为（如金融投机和有息资本的流通）融入“资本就是价值运动”的概念中。他的某些发现对其一般理论构成了严重挑战，这也是我们要关注的问题。

工业资本家（及其他资本家）关注银行和金融，其中有很多原因。一种特定商品的生产需要有投入和产出的衔接，这意味着投入和产出周期完全不同的行业需要通过谈判来协调。棉纺织业每天需要棉花供应，但棉花作物每年只产出一次（世界市场的优势在于不同地区有许多供应商，其棉花收获时间不同，因此有助于供应的改善）。棉花生产商每年收获一次农作物，只有收获的时候才能获得现金，却要维持一整年的生活。如果没有银行的帮助，棉花生产商将不得不囤积现金，把钱压在床垫下，每天取出一点维持开销，直到下一年收获季节的来临。同时，有人必须囤积棉花作为商品，每天向工厂供应以满足生产。对于马克思来说，所有以货币或商品形式囤积的价值都是僵死或贬值的资本，因为一年之中大部分时间这样的价值都是闲置的。

当考虑固定资本循环时，这一问题变得更加突出。机器购置费用很高但可使用数年。机器的原始价值可以通过折旧来回收，但在其使用寿命结束时，机器需要更换。资本家每年必须节省（囤积）足够的钱来购买替代品，结果就是资本家的保险箱里囤积了大量僵死和贬值的闲置资本。这些囤积资本的安全性会是问题，因为劫匪无处不在。资本主义的银行和信用制度就是要解决这些问题。资本家可以安全地（至少希望是）将他们囤积的剩余资金放在银行中以换取利息，银行则可以以稍高的利率向其他人借出这些资金。或者，工业资本家也可以预付资金购买机器，然后从每年的生产中拿出部分利润偿还贷款。不管如何，僵死和贬值的资本重新恢复活力并参与了循环。简单来说，随着资本价值链和劳动分工变得越来越复杂，资本家需要越来越多地依靠庞大的固定资本（对基础设施和城市建设的资本要求更不用说了），所以对成熟的信用和金融体系的需求也会不断增长。因为如果不这样，资本循环的整个过程中就会有越来越多的资本囤积起来，以应对大量固定资本开支之需。

同理，租金遮盖了投资活动在地理和空间方面的差异化问题，因此信用制度也可被用来处理生产组织所涉及的时间差异性问题。在资本主义生产的日常组织中，信用制度可将其中牵涉的无限多样的时间差异性减少到一个单一变量：利息。当然，这个变量取决于资金供求条件，不仅关乎资本也关乎其他一切（包括私人消费和业主贷款）。信用体系将资本主义体系内的资本流动提升到了全新的层次。地租的前提是：土地是无价值但有价格的商品；同理，信用制度的前提是：资金是具有价格的商品。结果就是代表价值或作为价值表现形式的货币具有价值，这显然是荒谬的。但资金确实有价格，那就是利息。

银行和金融具有多重作用。它们随时随地吸收资金，然后将资金转换成货币资本借给任何有意追求有利可图的投资机会的人。作为中介，银行和金融机构扮演了一个“资产阶级的共同资本”的角色，[10] 从低利润经济部门中吸取资金然后重新配置到利润率较高的经济部门，在加快利润率均等化方面发挥了关键作用。银行和金融机构也在一定程度上掌握了独立于价值产出增长的货币创造。金融体系的独立性和自主性以及内在的货币创造权可归入资本作为价值运动方式的整体循环过程中，但金融势必会对整个循环过程产生重大的影响。

银行和金融机构把资金作为商品而不从事价值生产。它们借钱给利润率更高的部门而不在乎这些部门是否从事实际生产活动：如果土地投机有高额利润，那么银行就会把钱借给从事土地和不动产买卖的行业（2001—2007 年的美国就是这样）。“在这里，资本的拜物教形态和资本拜物教的观念已经完成。”[11] 马克思的意思是，金融体系必然会对不同分配领域的资金和利润信号做出反应，从而使资本主义的活动偏离价值创造并进入非生产性渠道。银行可以把钱借给其他银行、房地产公司、商业资本家、消费者（无论是工人阶级还是资产阶级）甚至国家（现在各国都是债台高筑）。

结果就是马克思所说的“虚构资本”盛行的世界。[12] 银行利用杠杆贷出远远超过其资本规模的贷款。他们的贷款规模可能是存款规模的 3 倍，在“非理性繁荣”时期甚至可达 30 倍。这种货币创造远远超过了当前资本增值和价值实现所需。这种货币创造采用的是债务形式，而债务是对未来价值生产的索取。债务的累积要么在未来价值生产中清偿，要么在危机中贬值。所有资本主义生产都是投机性的，但在金融体系中，投机成为超级拜物教。马克思说，金融家具有“骗子和先知”的混合特征。[13] 虚构资本或许能在未来某个时期通过增值和价值实现变成现实资本，或许不能。中央银行则处在全球金融和货币体系的顶点，拥有似乎无限的货币创造力而不论价值生产的实际状况如何，这与资本流通和积累理论以及价值需求和实现理论是否相符呢？

信用和债务在资本主义之前就普遍存在，但马克思感兴趣的是信用工具在资本循环中的独特作用，正如马克思对商人和地主的兴趣那样。资本主义的兴起使得债务和信用的内容出现了革命性的变化（大卫·格雷伯在其有关债务史的描述中所忽略的革命[14]）。在马克思所处的时代，这种独特形式正在不断发展和演变，股份公司和新的信用工具不断问世。而在我们所处的时代，银行和金融领域的创新更是迈入了全新阶段。

如此前所述，如果将分配视为资本循环过程的被动终点，那将是严重的错误。货币形式的分配是资本运动中独特的转折阶段。但这与价值实现有何关系呢？对此很难有确切的答案，但马克思的研究至少提供了重要的线索，循其轨迹我们至少可得出初步的结论。

生息资本的循环

第三卷实际上确认了一个货币如何参与资本增值和价值实现过程的框架。银行和金融体系在信用创造上的自主权（中央银行处于顶点）释放出大量生息资本流入循环系统，但这并不意味着生息资本必然会流入价值生产。生息资本可能会是消费信用的形式，或是对商业资本家、地主和房地产投机商的贷款，甚至资助政府打仗或流入外国势力。生息资本参与剩余价值的分配不是凭借其对生产的贡献，而是纯粹的产权。这种权利是以拥有作为商品的货币的所有权为基础，而货币的使用价值就是可以用来赚更多的钱。

这里引入了一个新维度来展示流通的图景。马克思在第二卷中是将货币资本的循环看作一种独特形式。当工业资本家实现货币形式的价值时，就拥有了一种可以产生利息的商品。资本家在这里有两个选择，他们可以投资于扩大再生产，也可以把钱放在货币市场上来赚钱。为了能持续经营，工业资本家的利润率必须超过银行的利率，否则，组织生产就没有经济意义。经过工业资本家之手的资本实际上分为两种：资本家作为货币持有人对持有的资金收取利息，或作为生产者通过投入生产剥削工人来产生利润。资本家可以选择把自己的资本作为生息资本借出去或当作生产性资本来生产价值。[15]工业资本家可借入他们需要的资金来进行生产并支付利息，同时将剩余的利润留给自己。马克思将此视为资本主义金融维持资产阶级权利和合法性的唯一美德。它抵消了继承财富的力量并让进取的企业家和创业者有机会打破阻碍其上升的阶级障碍。资产阶级的政治和心理实力通过这些新元素的注入得到了增强。

马克思继续指出，这种双重角色产生了所有权和管理之间的分离。股票持有人要求货币资本的投资回报，管理层则通过积极组织生产来拿到其利润分成。一个通过资金投资来实现收益的股票持有人和投资者（货币资本家）阶级开始形成。该阶级加速了资金向货币资本的转换，甚至银行体系所创造的以循环生息资本的形式借出的虚拟资本也更加活跃。[16]

资本在此被分解成破碎的支流，相互之间往往形成对立关系。例如近年来价值增值环节的资本流在减少，货币资本则在其他地方寻求高额回报率。结果就是导致价值生产环节的长期停滞，这也是2007—2008年金融危机以来大部分国家的经济常态。

马克思无法预料当今的情况，若干强大的银行会成为“大而不能倒”的机构，在国家创造的道德风险的庇佑下做出不负责任的投资，因为它们一旦出现问题就会有纳税人的钱来填补其损失。生息资本的流通给资本增值和价值实现带来了巨大压力，在某些情况下，它足以腐蚀整个资本运动体系，而这也是马克思认为生息资本循环代表了整个资产阶级的利益的原因。首先，它将各种各样的时间性差异缩减为利息这个唯一变量。其次，它为资本增值和价值实现引入了流动性，对消费者的贷款刺激了有效需求并帮助价值的实现。例如，在房地产市场中，金融机构不仅给开发商贷款建造房屋，同时也给消费者贷款买房。最后，生息资本的循环实现了价值生产和价值实现的矛盾统一。马克思清楚地认识到二者的区别：推动价值生产的贷款

（给工业资本家提供的用来生产的借款）与促进价值实现的贷款（如马克思时代常见的承兑汇票）有很大差别，尽管两者存在明显的关系。

但这也会带来风险。“破产”在此具有双重含义：如果消费者不能偿付按揭贷款，那么他们将失去对自己房屋的所有权；但如果消费者能够支付按揭贷款，那么他们的未来基本上也被锁死了，因为按揭贷款的期限长达 30 年。当然，他们在任何时候都可以将房屋出售。但如果房价下降，那么他们很可能会发现自己跌入负资产的窘境，即对银行的欠款超过了目前房屋的市值。即便把房子卖了不再举债，他们也还是要找一个住的地方。

在我看来，这是金融市场资本流动的一个自然结果。这里需要更多的研究和说明，但最关键的是搞清楚各种利润分配形式在推动资本循环方面扮演的积极角色。金融的作用最重要，因为它直接涉及货币资金、信用以及虚构资本在金融体系中的创造。金融成为资本积累的最大动力之一，因为金融会推动资本扩大价值生产来清偿债务，对利润的疯狂追逐又加上了偿付债务的疯狂压力。当然，价值生产最好能同时满足产生利润和还债的需要。为此，资本作为价值运动必须做出相应的调整。

资本的完整性

马克思多次提到他要完整叙述资本的雄心。在此构建的资本循环示意图提供了一个观察完整的资本运行情况的简单方式。三卷《资本论》分别从特定的立场为我们提供了总体观察资本的不同角度。这有点像是通过三个窗户在给广场上（例如埃及的塔希尔广场或土耳其的塔克希姆广场）发生的事情拍视频。这三段视频都有自己的情节，而且从某个视角看也是完全真实的，但要想完整地知道广场上发生了什么，必须把这三段视频结合起来看。在阅读《资本论》的时候，读者往往会倾向于重视第一卷中的价值生产环节而轻视后面两卷中的资本实现和分配环节。我认为这样的偏见会导致严重的误读。只有将资本视为一个统一体，才能更好地认识资本的各个不同阶段是如何相互影响、相互作用、相互决定的。虽然每个阶段都是相对独立的，但每个阶段又是整体运动的组成部分。我在此不过是引述马克思对金融资本以及生息资本运动的描述。

资本循环过程中的不同时刻存在着松散的联系和关联，而不是在紧密结合中发挥作用。“这种有机体制本身作为一个总体有自己的各种前提，而它向总体的发展过程就在于：使社会的一切要素从属于自己，或者把自己还缺乏的器官从社会中创造出来。有机体制在历史上就是这样向总体发展的。它变成这种总体是它的过程即它的发展的一个要素。”[17] 马克思还有如下的论述：

> 我们得到的结论并不是说，生产、分配、交换、消费是同一的东西，而是说，它们构成一个总体的各个环节、一个统一体内部的差别。生产既支配着与其他要素相对而言的生产自身，也支配着其他要素。过程总是从生产重新开始。交换和消费不能是起支配作用的东西，这是不言而喻的。分配，作为产品的分配，也是这样。而作为生产要素的分配，它本身就是生产的一个要素。因此，一定的生产决定一定的消费、分

> 配、交换和这些不同要素相互间的一定关系。当然，生产就其单方面形式来说也决定于其他要素。例如，当市场扩大，即交换范围扩大时，生产的规模也就增大，生产也就分得更细。随着分配的变动，例如，随着资本的集中，随着城乡人口的不同的分配等等，生产也就发生变动。最后，消费的需要决定着生产。不同要素之间存在着相互作用。每一个有机整体都是这样。[18]

这里的统一体并不是像人体一样的单一生物，它是一个具有多个竞争或协作的活动种类的生态系统，有着演化的历史，受到外部力量、新的劳动分工以及技术发展的影响，动能导致动态变化，由此产生各种演化结果，某些物种和子系统会消亡，而某些会蓬勃发展。马克思喜欢用科学的比喻和隐喻，有机体和进化论的比喻在这里可谓恰如其分。正如他在《资本论》第一卷的序言中所述，他的观点就是“社会经济形态的发展是一种自然历史过程”。[19]马克思是达尔文的崇拜者，他希望自己能像达尔文促进自然科学进步那样推动社会和历史学科的进步。

要想剖析资本这一有机统一体，必须将三卷《资本论》视为一套完整理论。马克思从来没有试图这样做。他在《政治经济学批判大纲》中提到，他还希望将研究领域拓展到竞争、国家（包括税收）、世界市场以及经济危机来完成自己的宏大研究。[20]但他没有时间展开自己想要做的研究。然而他确实认识到，在资本这一有机生态系统中存在相互交错和交叉的不稳定的复杂关系，这会给未来造成危机。他写道："如果假定资本主义生产中存在的矛盾——这些矛盾诚然不断在平衡，但是这一平衡过程同时表现为危机，表现为互相分离、彼此对立但又互相联系的各因素的通过暴力的结合——不存在，那么这些矛盾自然就不可能发生作用。"[21]

关于政治相关性的一点说明

肯定会有人问到这个资本循环示意图的政治含义。我的答案是，它有助于在理解资本循环的大背景下考虑问题和建议，由此就可更好地评估某些政治方案是否能达到其目标。举一个简单的例子。

在民主党候选人初选期间，伯尼·桑德斯非常卖力地推销自己设立每小时15美元最低工资标准的政策建议。2016年8月，围绕“黑人的命也是命”运动组建的联盟发表了一份文件，提出了要保障黑人基本收入的政治提案（这份提案最初是针对黑人群体，说美国应该给黑人基本收入保障来补偿当年奴隶制的罪恶）。这两份提案的基本想法是，通过增加受雇者或历史上受剥削群体的有效需求，就可以彻底改善再生产劳动力的生活质量。两项提案都主张提高货币工资。有效需求的增加意味着受益群体能获得更多的商品和服务。这种设想假定在价值实现过程中不会发生影响其最终结果的事情。但通过资本循环的分析可知，在价值实现这一环节，侵占价值的事情比比皆是。如果对冲基金买入房屋推高房价或买入医药专利推高药价（在某些情况下甚至可以大幅提高药价），那么通过提高最低工资或基本收入保障所扩大的目标人群有效需求最终只是肥了这些对冲基金的腰包，而对目标人群反而没有效用。提高大学学费、信用卡利率、电话费用和医疗保险等费用，都可以攫取社会的全部收益。或许通过严格的监管干预来控制某些生活费用，限制在价值实现阶段的大规模财富掠夺，可能更有利于低收入人群。因此不难理解，为何硅谷的风险投资家也强烈支持最低工资的提案。这些人知道硅谷的高科技让数百万人失去了工作，如果这些人没有收入，那么就不会形成高科技产品的消费群体。通过用这里提供的资本循环示意图来考虑不同的建议，我们可以立即看到实施的障碍以及背后的动机。这张图还显示了资本整体循环可能遇到的障碍，也能显示可能引发危机的阻塞点。例如，价值形式的每个变换节点都是危机形成的潜在场所。

这张资本循环示意图同时揭示了贯穿资本循环整体的各种不同形式的社会斗争。在价值生产环节的斗争不可避免地会带有阶级烙印（具备理论化成果并为公众所知）。在价值实现环节的焦点则是买卖双方以及掠夺性资本积累手段的斗争（例如强行拆迁或强行收房）。这样的斗争尚未理论化。在社会再生产领域，有关社会分层、性别、性取向、宗族以及家庭等议题的斗争更为主流，而政治斗争的焦点也从劳动过程转向了日常生活的品质。这些斗争在马克思主义文本中经常被忽视。对分配的斗争要求分析资本和国家机构之间经常对立的关系。再加上资本与劳动力在市场上关于劳动力报酬的斗争，这些就构成了资本整体循环内外所牵涉的政治斗争的图谱。随后则是在资本循环整体过程中对资本权力的社会和政治斗争，这些斗争形式多样，如果想要取得成功，则必须结成各种不同的战略联盟。传统的“左派”运动并不总是认识到这种联盟的重要性，也不善于做出必要的妥协来推动斗争。此外，所有这些斗争都是发生在资本循环这一大背景下的。

政治上最重要的追问不是问什么是人性，而是问人性可能是什么。特朗普、威尔德斯（荷兰自由党党魁）、勒庞、埃尔多安、莫迪、欧尔班以及普京的追随者所表现出的人性，与圣雄甘地、德斯蒙德·图图主教、纳尔逊·曼德拉和埃沃·莫拉莱斯的追随者非常不同，而列宁、卡斯特罗、纳赛尔、查韦斯、弗朗兹·法农、桑戈尔和卡布拉尔的信徒又很不同。虽然这可能是一个政治上的陈词滥调，但这却是朴素的真理，虽然人民的心灵和思想需要用政治经济项目来引导、塑造和感化，但关于人性本质的政治斗争其实都源于资本循环中的经济问题。正如资本循环示意图所清晰显示的，作为资本形式循环的价值以及围绕其派生的永恒的广泛的政治、文化与美学价值建设和重建之间的关系本身就极其重要。但重视政治、文化和美学斗争思考和行动的人们必须认识到，这些都是在资本循环的大背景下，资本循环会制约或推动某些思想和行动。鉴于资本永远且必然会影响人类需求与欲望的建构和重构，这也构成了人类经济和政治思想行为之间的重要桥梁，尽管这两个领域有时看上去泾渭分明。玛格丽特·撒切尔在执政时期不仅要改变经济，而且要改变英国人的“灵魂”，在这方面她取得了成功。许多人最后都接受她的观点，即“别无选择”。这一对矛盾关系也会牵涉到广泛的政治和文化斗争，这些斗争关乎我们的生存以及与不断变化的“自然界”的关系，尽管通过长期的自然改造，现在人类所处的自然界已经是经过重构的“第二自然”。人类如何对待自然是一个充满争议的问题，必须在对资本的循环和拓展有充分认识之后，才能真正理解人与自然的关系。

我不认为这些广泛的政治斗争要纳入永恒价值运动。相反，这种包含关系应该是相反的。但是价值运动研究却提供了一个更好的视角，这一视角优于纯粹的就政治研究政治，况且大部分的政治斗争如果离开资本都很难理解。

MARX,
CAPITAL AND
THE MADNESS OF
ECONOMIC REASON

第三章

作为价值代表的货币

马克思在《资本论》中的大多数理论观点都用价值来表述。但世界经济数据和马克思在书中的大部分实际案例却都用货币来表示。那么，是否能假设货币是一种准确无误的价值表现形式呢？如果不是，原因又在哪里？用货币来表示价值又有什么结果？鉴于货币这种代表形式在历史上的变迁，是否可以认为货币在代表对应价值方面其实存在系统性的扭曲？地图有时候能准确表示地貌，有时则与现实情况有很大差距。那么，用货币来代表价值是否也会存在这种扭曲和失真呢？

价值是一种社会关系。因此，价值是非物质的，但是客观的。价值“鬼魂般的客观性”是因为“没有一个物质原子进入了作为价值的商品的客观性”。作为价值的商品与“其作为物理对象的粗略感性客观性”形成了鲜明对照。我们可以按照我们希望的方式改变某种商品，却无法触摸其内含的价值。[1]商品的价值就像社会生活的许多其他特征一样，如权力、声誉、地位、影响力或魅力，这是一种无形但客观的社会关系，需要通过物质来表达。对于价值，这种表达需求是通过马克思所说的“令人眼花缭乱”的货币形式来体现的。

马克思在措辞方面相当谨慎，因此他将货币称为“表达方法”或“价值体现”。他认真地避免了将货币等同于价值的概念，或将货币视为交换关系决定的象征（这是在他的时代被广泛认可的政治经济学观点）。货币不能脱离价值而存在，因为货币是价值的体现。[2]同理，无论货币看上去多么独立，货币也不能切断与其代表的价值的脐带。我们应该将货币和价值视为相互独立但又辩证联系在一起的两个概念。这种关系有着悠久的历史。马克思认为：

> 价值表现为一种抽象，这只有在货币已经确立的时候才是可能的；另一方面，这种货币流通导致资本，因此，只有在资本的基础上才能得到充分发展，正如一般说来只有在资本的基础上流通才能掌握一切生产

> 要素。因此，在分析过程中不仅会显示出像资本这样的属于一定历史时代的形式所具有的历史性质，而且还会显示出像价值这样的表现为纯粹的抽象的规定，显示出这些规定被抽象出来的那些历史基础，也就是它们只有在其中才能表现为这种抽象的那些历史基础；并且显示出例如像货币这样的或多或少属于一切时代的规定，这些规定所经历的历史变化。[3]

对马克思而言，《资本论》的所有论述都集中在资本主义的历史经验和实践中。价值这一经济观念不会发生在古代，价值是现代经济的独特概念，因为价值是资本本身最为抽象的表现，而资本的生产也依赖于价值。租金、利息和商业资本利润等历史上存在的类别也随着时间的推移而纳入资本主义的生产方式。货币的情况也是如此。问题是如何区分资本主义独有的货币特征以及此前人类社会存在的货币形式（如玳瑁或珍珠）。在分析信用时，这一问题则变得更加重要。

> 过程的经常连续性（循环），即价值毫无阻碍地和

顺畅地由一种形式转变为另一种形式，或者说，由过程的一个阶段转变为另一个阶段，对于以资本为基础的生产来说，同以往一切生产形式下的情形相比，是在完全不同的程度上表现为基本条件。另一方面，虽然（生产过程的）这种连续性是必要的，但是，各个阶段在时间和空间上分为各个特殊的、彼此漠不相关的过程。这样一来，对于以资本为基础的生产来说，它的本质条件，即构成资本主义生产整个过程的各个不同过程的连续性，是否会出现，就成为偶然的了。资本本身消除这一偶然性的办法就是信用……稍为发达形式的信用在以往任何一种生产方式中都没有出现过。在以前的制度下也有过借和贷的事情，而高利贷甚至是洪水期前的资本形式中最古老的形式，但是借贷并不构成信用，正如各种劳动并不构成产业劳动或自由的雇佣劳动一样。信用作为本质的、发达的生产关系，也只有在以资本或以雇佣劳动为基础的流通中才会历史地出现。（货币本身是消除各个生产部门中所需时间的不均等的一种形式，因为这种不均等是同交换相对立的。）[4]

在资本主义生产方式下，货币和信用的特征是确保作为价值运动的资本循环的连续性。反过来，确保连续性的必要性则将货币、信用和价值统一到具体的历史进程中。

《资本论》的第一章就是关于这些研究对象的介绍。马克思论述了古典政治经济学家是如何利用“鲁滨逊漂流”般的神话将资本主义“自然化”，仿佛资本主义是出于自然（因此是不可更改和不可替换的）。马克思更倾向于研究资本主义之前的人类社会，由此强调资本是如何嵌入实际历史中而不是从虚构故事中衍生出来的。他写道，让我们从沐浴在阳光中的鲁滨逊小岛转向笼罩在黑暗中的中世纪的欧洲……他简要回顾了封建劳动关系以及“农民家庭的家族式农村工业”中的典型社会关系。但随后他就想象在资本主义崛起之后这些关系的变化，并把资本循环分成了三个阶段。他通过资本主义之前的社会和未来想象的共产主义来剖析资本的特殊性质（以及货币和信用）。对于未来的构建不再是乌托邦式的想象，而是说明为何共产主义必然会产生。马克思所想象的就是由自由人组成的社会、生产资料公有，每个人都为了实现自我而劳动并作为独立的单一劳动力。在这样的社会条件下，个人生产者的社会关系、劳动以及劳动产品在生产和分配方面都是公正透明的。[5] 在这个世界上不存在市场看不见的手或价值运动规律来制约每个人的自由，当然也不会有国家的强制指令。正是从这样的历史角度，马克思深入剖析并揭开了遮盖在当时政治经济学著作和堕落的价格垄断市场上的拜物教面纱。金钱是这种拜物教的最典型的例子。我们认为钱拥有对我们以及他人的社会权力，当然，在某种程度上确实如此（这是马克思的拜物教理论的整体要点：它是真实的但是错误的）。

那么，我们该如何正确理解价值和货币之间的辩证关系呢？这在马克思所处的时代是一个非常有争议的政治问题。在 19 世纪 40 年代，当时马克思还没有提出《资本论》中所述的许多重要思想，当时马克思发现的政治观点不仅与英国的李嘉图社会主义者相左，更为重要的是，他与当时许多法国工人追随的蒲鲁东也意见不同。蒲鲁东和他的追随者提出了这样一个完全合理的问题：既然包括大卫·李嘉图在内的当时大部分的主要政治经济学家都认为是劳动创造了价值，那么为何资本家会如此富裕而劳动阶级如此贫穷？

蒲鲁东认为，问题出在劳动力价值难以在市场上体现，货币和市场交换的不合理性是症结所在。他建议采取新的方式来衡量劳动价值和设定劳动力价格，新的方式直接依托于工人生产产品实际花费的时间。工人应该按劳动班次和劳动时间获得工资，甚至应获得专门代表劳动时间的货币。蒲鲁东派着眼于重组货币体系、组织提供免费信贷、改革中央银行业务并建立信用互助机构，希望由此来解决社会不平等问题并提高劳动者权益。

马克思在《哲学的贫困》（1847 年出版）一书中对蒲鲁东派的这些观点进行了强烈的批判。《政治经济学批判》的第一部分是马克思在 1857 年后未出版的笔记的合集，马克思在其中深入驳斥了蒲鲁东追随者阿尔弗雷德·达里蒙的货币思想。[6] 马克思对蒲鲁东派的批判焦点在于后者未能认识到价值中的社会关系。在资本主义条件下，社会必要劳动时间而非实际劳动时间才有分析意义。"社会必要"意味着资本家和劳动者都在受看不见的手以及价值运动等规律的支配。早在《1844年经济学哲学手稿》中，马克思就得出结论认为，资本主义的价值是在资本剥削劳动力的生产过程中形成的，随后又在定价市场中通过私有产权和商品交易实现。这些是产生社会不平等和劳动者条件恶化的根源，尽管劳动者也参与了价值生产。社会主义革命的目标就是要彻底改变工人被剥削的社会关系。没有这样的社会关系转变，就不可能创造一个劳动者联盟当家做主且让实际劳动时间而不是社会必要劳动时间成为价值衡量标准的世界。

异化劳动由异己的阶级力量统治，这就是问题的核心。马克思认为，货币代表着（异化的）劳动价值。那接下来的结论就是，要想在不改变生产关系的前提下消除市场价格形成中的不合理性是不可能实现的，因为价格所体现的价值的生产过程中本身就具备不合理性。[7]这就是蒲鲁东派立场的错误之处。

要想不批判资本主义价值规律所依托的社会关系而为异化劳动寻找更好的表现方式（例如实际劳动时间），这其实是双重异化。这就是马克思认为蒲鲁东及其追随者以及许多李嘉图派社会主义者在不知不觉间走的道路。这就是马克思在《资本论》第一卷中对未来共产主义的描述如此重要的原因。它描绘了劳动者联盟（蒲鲁东派所惧怕的概念）共同拥有生产资料并自觉组织生产，在完全透明的环境中做出未经异化的决定，完全摆脱资本所形成的社会关系的束缚，劳动不再受任何外来力量的统治或干扰（无论是国家还是市场）。

普鲁东所描绘的制造业通常都是19世纪40年代的手工业作坊。[8]这些通常由手工业主自己控制劳动过程的小企业，一般是前店后厂模式。资本的主要形式是商人，他们从手工作坊购买商品，然后放到自己的杂货店零售（百货公司的雏形要等到19世纪50年代才出现）。手工业主对其劳动过程并无抱怨，因为他们的劳动是自主的。在他们看来，自己的劳动在生产过程中并未异化。这些手工业主最大的抱怨是，商贩的采购价很低或商贩有着严苛的订货规格要求，有些商贩甚至为手工业主提供原材料或预支信用（通常是高利率）。在这种情况下，手工业主的劳动时间跟商人提供的微不足道的货币酬劳可能是不匹配的，因此手工业主的劳动价值在市场上被剥削（异化）。蒲鲁东关于货币和市场的观点在直觉上可能是有道理的，因此蒲鲁东被视为劳动者权益的代言人。

在马克思所描写的工厂制度中，资本家控制了劳动过程，工人在生产过程中遭到剥削。现在很难想象，在当时的历史时期，这样的差异有多大。熟悉德意志手工业制度的恩格斯在看到英国的工厂体系和资本主义工业生产方式后，感到极为惊讶、恐惧和震惊。他在1844年《英国工人阶级状况》中记录了英国工人的悲惨境遇并发表了评论。手工业和工厂系统的劳动过程有着云泥之别。恩格斯对工厂劳动的描述令马克思印象深刻。马克思将工厂系统视为资本发展的未来。《资本论》第一卷就是要描述资本主义的未来图景，也正是从这样的图景出发，马克思开始了自己的宏大叙述。[9]

蒲鲁东和马克思的思想分歧反映了他们所观察的两套不同的劳动制度。因此，我们可能还需要重新审视我们自己的生产体系以反映当代劳动实践。例如，马克思所假设的未来资本主义的工厂劳动模式在许多发达资本主义国家都已式微，而马克思主义所设想的劳资矛盾也并未如他所想象的那样发展；资本现在支配了不同时间和空间的各种劳动体系；工厂劳动在世界某些地方（例如东亚）依然占据主导地位，但在北美和欧洲，产业劳动大军大大减少并逐渐被新型劳动体系（数字劳工等）所取代。

目前，许多人对蒲鲁东式的货币干预产生了兴趣，认为可以通过当地货币、时间共享以及劳动时间货币来替代常规的货物和服务交易。[10] 这与近期兴起的一些政治运动相关，这些运动旨在恢复小规模和分散的生产系统（最好生产是在工人控制之下）。20 世纪 80 年代后，随着技术的发展以及灵活、专业化和小批量生产的组织形式的出现，分散化生产体系变为可能。皮奥里和萨贝尔在《第二次产业分工》（*The Second Industrial Divide*）中提出，左派可以利用这种分散化生产模式将蒲鲁东共同车间的梦想变成现实。在 20 世纪 80 年代，托斯卡纳出现的小规模自我组织生产体系成为社会主义未来生产方式的典范。但令人遗憾的是，这样的劳动制度最终被证明是新自由主义设下的陷阱，它拆散了劳工组织，由于劳动者更加缺乏保障和安全感，他们受资本家剥削的程度反而大大提高。灵活的专业化变成了资本主义企业灵活的资本积累。[11] 另一方面，大规模工厂模式在东亚和东南亚地区仍然存在，而基于数字化和小额信贷的高度分散的就业方式则成为新的被剥削方式，资本对灵活劳动的剥削相比传统工业有过之而无不及。[12]

如果认为劳动价值理论中的社会关系可以通过货币体系改革来重构，那将是一个巨大的错误。如马克思所言，资产阶级社会的弊病不是通过“改造”银行或建立合理的“货币制度”就能消除的。[13]

> 货币同特殊商品的并存所产生的混乱和矛盾，是不可能通过改变货币的形式而消除的（尽管可以用较高级的货币形式来避免较低级的货币形式所具有的困难），同样，只要交换价值仍然是产品的社会形式，废除货币本身也是不可能的。必须清楚地了解这一点，才不致给自己提出无法解决的任务，才能认识到货币改革和流通革新可能改变生产关系和以生产关系为基础的社会关系的界限。[14]

在马克思看来，唯一的最终解决办法是完全取消交换价值，当然这也意味着将社会必要劳动时间所形成的价值取消，这样使用价值的有组织交换就成了资本主义唯一剩下的领域。[15]

马克思在对达里蒙进行批判时提出了两个基本问题：（1）“是否能够通过改变流通工具（流通组织）而使现存的生产关系和与这些关系相适应的分配关系发生革命？”（2）“进一步说就是：是否能够对流通进行这样的改造，而不触动现存的生产关系和建立在这些关系上的社会关系？”马克思的回答是一个响亮的“不”！马克思接着问道：“或者不如说要提出普遍性的问题：货币的不同的文明形式——金属货币、纸币、信用货币、劳动货币（后者作为社会主义的形式）——能否达到对它们提出的要求，而又不消灭在货币范畴上表现出来的生产关系本身；另一方面，想通过一种关系的形式上的改变而摆脱这种关系的重要条件，这是否又是一个自行取消的要求？”但马克思接着又说：“货币的不同形式可能更好地适应社会生产的不同阶段；一种货币形式可能消除另一种货币形式无法克服的缺点；但是，只要它们仍然是货币形式，只要货币仍然是重要的生产关系，那么，任何货币形式都不可能消除货币关系固有的矛盾，而只能在这种或那种形式上代表这些矛盾。”这个与雇佣劳动相似，“任何雇佣劳动的形式，即使一种形式能够消除另一种形式的缺点，也不能消除雇佣劳动本身的缺点”。货币的“一种形式可以比其他形式更方便、更合适、更少一些困难。但是，一种特殊的交换工具，一种特殊的然而又是一般的等价物的存在所产生的困难，必然会在任何一种形式中（虽然各不相同）重复产生”。[16]

信用制度的兴起足以证明马克思观点的正确性。最初，资本家调整了长期以来形成的做法来应对过度囤积资本的问题，囤积资本是因为存在不同资本周转时间、需要形成固定资本以及为共同消费设立长期投资。但近来生息资本已成为推动资本自我积累的强大动力。其结果并不是人从欲求中获得解放，而是大大提升了资本循环和剩余价值生产的效率，代价就是日益增长的债务和越来越多的日常生活异化。

在资本的发展史中，有关货币形式及其用途的技术已经有数次革命。这确实提出了该如何解释的问题。例如，当中央银行正在进行量化宽松政策或者银行体系内的信贷创造似乎已经失控时，我们又该如何理解劳动价值理论呢？在疯狂的投机经济中，价值对货币形式的制约又在哪里？电子银行和区块链技术（由比特币开创但银行也在积极开发）表明，货币形式的革命可能正在发生，尽管这种革命可能不会挑战潜在价值关系，但其对社会关系的影响值得密切关注。[17] 马克思承认存在这样的问题，对于答案，他则回到研究的本原去寻找。

当商品交换成为一种正常的社会行为时，一两种商品就会变成一般等价物。在资本主义时期，金银成为价值表达的首选形式，但这会立即引起一些矛盾。黄金（一种感性商品）的使用价值“变成了其表面形式的对立面——价值”。[18] 黄金生产中的具体劳动则变成了“其对立面——抽象人类劳动”的表现形式。[19] 黄金生产中所含的“私下劳动”则变成了其对立面的形式，即直接社会形式的劳动。[20] 最后，也许是最重要的一点，即“货币本身是商品，是可以成为任何人的私产的外界物。这样，社会权力就成为私人的私有权力”。[21]

这里存在的扭曲是系统性和重大的，而不是偶然或次要的。金钱成为个人财富和实力的衡量标准，也成了欲望的最高对象。它形成了阶级权力和阶级统治的单一基础。更为重要的是，它成为货币增值的重要手段。然后这种社会力量一直系统地限制贵金属成为货币系统的基础。随着社会分工和交换关系的扩散和日益复杂化，货币的权力也在增长，因此“交换关系固定为一种对生产者来说是外在的、不依赖于生产者的权力。最初作为促进生产的手段出现的东西，成了一种对生产者来说是异己的关系”。[22]货币本来是作为交换的仆人被引入的，但很快就变成了专制的主人，亚当·斯密“看不见的手”开始接管，生产者成为价格的接收者而非制定者。“作为产品的产品和作为交换价值的产品之间的鸿沟也在什么程度上加深，”马克思解释道，“这些矛盾和对立的发展造成了货币的似乎先验的权力。”[23]现在我们生活的方方面面都被这种先验力量包围着。

这些矛盾贯穿了马克思的所有著述。马克思劳动价值理论的叙述与这些矛盾是不可分割的。随着马克思开始更加深入地探析货币的不同功能，这一话题变得越发复杂。

货币可以是价值的衡量尺度、储蓄方式、价格标准和流通手段，或者可以作为账户货币和信用货币，当然最重要的是作为一种可以生产资本的生产资料。[24]

其中几个功能是不兼容的。虽然黄金具有作为价值尺度、价格标准和储蓄手段（因为黄金不易氧化）的优势，但作为流通手段却很不合适。可以通过发行货币符号来实现流通，例如硬币、国家法定货币以及最终的电子货币。这些形式的货币符号最初必须与贵金属相关才能存在。“货币一越出国内流通领域，便失去了在这一领域内获得的价格标准、铸币、辅币和价值符号等地方形式，又恢复原来的贵金属块的形式”，这意味着，必须把国内和国际范畴的商品流通完全分开，“只有在世界市场上，货币才充分地作为这样一种商品执行职能”。[25]

这样一来，又会出现这些形态各异的价值表达形式之间的相互关系问题（例如黄金、硬币、中央银行发行的货币、国家主权货币与国际货币）。地图的特点与此类似。某些地图可能在方向上正确但其他都错了，某些地图可能精确代表了区域、形状或距离，但其他方面失真，不同的货币形式也是如此。不同的表现形式有着不同的目的，最好能各行其是互不相干，但现实中往往充斥着重叠和冲突。货币的某种使用方式（例如储蓄手段）可以突然转变为流通手段，反之亦然。马克思风趣地指出，如果我们只是把货币作为一种商品流通手段，那么假币伪钞和国家法定货币的作用是一模一样的。[26]

具有讽刺意味的是，人类需要为社会价值寻找实际物质代表，最终确定的是贵金属（金和银），但金银在日常生活中的使用很不便利，因此又要有金银的象征符号（纸币和电子货币）来提高效率。随着贸易的发展，货币的象征符号渐渐成为主流。在20世纪70年代初期，美元与黄金脱钩，价值和货币由此陷入新的尴尬的辩证关系中。

尴尬产生的原因之一就是马克思所说的“货币价格和价值量级之间的量化不协调”是“价格形式内在固有的一部分”。在市场上标出和实现的价格（无论是以黄金、法定货币还是以劳动时间来表示）都可以上下浮动，但这恰恰“使这种形式成为这样一种生产方式的适当形式，在这种生产方式下，规则只能作为没有规则性的盲目起作用的平均数规律来为自己开辟道路”。[27] 只有如此，供需才会达到均衡，而均衡价格才最接近价值本身。

更加麻烦的是，货币形式也可能存在“质的矛盾”，使得“价格可以完全不是价值的表现。有些东西本身并不是商品，例如良心、名誉等等，但是也可以被它们的所有者出卖以换取金钱，并通过它们的价格，取得商品形式。因此，没有价值的东西在形式上可以具有价格”。“另一方面，虚幻的价格形式——如未开垦的土地的价格，这种土地没有价值，因为没有人类劳动物化在里面——又能掩盖实在的价值关系或由此派生的关系。”[28]

从表面看，劳动价值理论有许多令人费解之处，正如新古典主义经济学家早先曾反驳过的，既然许多价格领域都在价值之外，那么为什么不干脆忘掉价值而直接分析市场价格及其走势呢？但这样做的不利之处是显而易见的：如果我们消除了价格和价值之间的辩证关系，那么就会丧失立场而无法对社会劳动的货币表现进行批判，而这些社会劳动正是劳动者在出卖劳动力时被资本所侵占的。我们在解释危机的货币原因时将会变得苍白无力，也无法充分揭示为何大部分危机都表现为货币形式。马克思在《资本论》第一卷中努力说明这一点。

“在危机时期，商品和它的价值形态（货币）之间的对立发展成绝对矛盾。”那么矛盾来自哪里？马克思说这种矛盾是内生的：

> 货币作为支付手段的职能包含着一个直接的矛盾。在各种支付互相抵销时，货币就只是在观念上执行计算货币或价值尺度的职能。而在必须进行实际支付时，货币又不是充当流通手段，不是充当物质变换的仅仅转瞬即逝的媒介形式，而是充当社会劳动的单个化身……这种矛盾在生产危机和商业危机中称为货币危机的那一时刻暴露得特别明显。这种货币危机只有在一个接一个的支付的锁链和抵销支付的人为制度获得充分发展的地方，才会发生。当这一机构整个被打乱的时候，不问其原因如何，货币就会突然直接地从计算货币的纯粹观念形态变成坚硬的货币。这时，它是不能由平凡的商品来代替的。商品的使用价值变得

> 毫无价值，而商品的价值在它自己的价值形式面前消失了。昨天，资产者还被繁荣所陶醉，怀着启蒙的骄傲，宣称货币是空虚的幻想。只有商品才是货币。今天，他们在世界市场上到处叫嚷，只有货币才是商品！像鹿渴求清水一样，他们的灵魂渴求货币这唯一的财富。[29]

这个分析肯定了货币流动与价值之间存在辩证关系。但这种辩证法也承认，价值本身也会受到货币流动的影响。如果以货币为中介的市场交易形成了价值，那么货币的本质和它所衡量的对象必然会对价值的社会属性产生影响。价格与价值之间的质性不协调不容忽视。[30]

在放弃贵金属作为基础货币之前，马克思不仅发现了因不同目的而存在的不同货币，而且发现在货币体系中也存在有趣的分层。贵金属作为基础货币基本上就是金本位，因为黄金的物理性质稳定，而且世界上的黄金存量的增长速度非常慢。这种硬约束的货币形式与信用制度的膨胀形成鲜明对比。马克思这样说：“货币主义本质上是天主教的；信用主义本质上是基督教的。……作为纸币，商品的货币存在只是一种社会存在。信仰使人得救。这是对作为商品内在精神的货币价值的信仰，对生产方式及其预定秩序的信仰，对只是作为自行增殖的资本的人格化的生产当事人个人的信仰。但是，正如基督教没有从天主教的基础上解放出来一样，信用主义也没有从货币主义的基础上解放出来。"[31] 在情况好的时候，作为财富的社会形式的信用可以"排挤货币，并篡夺它的位置"，而产品的货币形式才表现为某种转瞬即逝的、观念的东西，表现为单纯想象的东西。"但是一当信用发生动摇……一切现实的财富就都会要求现实地、突然地转化为货币，转化为金和银。这是一种荒谬的要求，但是它必然会由这个制度本身产生出来。应当能够满足这种巨大要求的全部金银，不过是银行地库里的几百万镑。"[32] 因此，"为了保证商品价值在货币上的幻想的、独立的存在，就要牺牲商品的价值"。这种现象"在资本主义生产中是不可避免的，并且是它的妙处之一"。[33]

一定的、和总生产相比为数很少的金属量，竟被认为是制度的枢纽。而其结构则为"中央银行是信用制度的枢纽。而金属准备又是银行的枢纽……信用主义转变为货币主义是必然的现象”。因此，贵金属制度就成为“财富及其运动的这个物质的同时又是幻想的限制”，而“随着信用制度的发展，资本主义生产不断地企图突破这个金属的限制……但又不断地碰到这个限制”。马克思认为这样的限制永远不会被突破。但他错了。现在货币金属本位已经被打破，资本也无须不断地企图突破这个金属的限制，[34] 现在仅有的限制在于央行政策和国家政治。这就将货币的数量和质量（包括形式）交到了社会机构手中，而不再是取决于黄金实物的数量和质量，由此货币也彻底摆脱了外在制约。

20 世纪 70 年代初金本位货币制度的废弃，使得生息资本流通成为资本积累的原则和无限动力。对这种现象的分析需要更加全面地剖析银行和金融在分配环节的作用。

首先要说的是，分配环节整个都发生了非常复杂的变动。金融资本家可以将资金投入土地和房地产投机，以牺牲其他一切为代价进行土地开发，为不动产所有者谋利。土地所有者以土地作为抵押获得贷款。在英国，许多贵族地主都成了银行家。商业资本家经常需要借钱或扩大信贷。在世界许多地方，工人们成了信用卡的卡奴。或者工人纷纷背上了按揭贷款，由此希望成为业主，同时也助推了资本的流动。正如世界银行所说：让工人背上按揭贷款有助于维持社会稳定。或者像俗话说的：正在承担月供的人不会罢工。有时工人还要求把他们的钱投入养老基金，而这些基金又用在别处剥削其他工人，由此来实现一定的投资回报率。金融资本家借钱给政府，而政府则用税收作为抵押并保证信用机构的经营。同时，有盈余的银行可以借给有赤字的银行，并在必要时动用中央银行的储备。这些五花八门的角色有时也会自相矛盾。汽车公司用提供购车贷款的方式来鼓励消费者购买汽车，有时很难分清公司的利润究竟是来自价值生产环节、价值实现环节还是分配环节。金融资本家不仅借钱给开发商建房，还提供按揭贷款给工人买楼，由此将房地产市场的供求都内化在单一资本运作中。工人要求涨工资，但高工资可能会压低其养老金所投资的企业的股票价格。工会可能无奈地投资于其所处公司的债务。当安然公司破产时，其工人的退休金也彻底消失。在 20 世纪 70 年代的纽约财政危机中，市政府被迫将纽约养老基金投资于纽约市政债券，最后结果可想而知。政府建立了员工参与的利润分配制度，由此普通工人甚至有动机来压抑自己的工资要求。

上面例子中所述的资本流动和交叉流动可归入“分配领域”（《资本论》第三卷的内容），这些流动随着时间的推移变得越来越复杂和庞大，而资本流动中的分类和角色也变得更加多元化并且交叉重叠。在世界某些地区，分配领域的交易量以及相关的资金周转量远远超过价值生产领域。外汇交易市场的交易额远远超过制造业的投资。但现在很难区分的是，到底其中有多少是跟价值完全无关的投机行为或交易噪声。

马克思清楚地看到，金融体系内货币形式的剩余资金的集中化必然意味着这些资金会对资本再投资环节发挥重要的影响作用。这是我们在得出结论之后可以回过头来讨论的问题。金融系统实际上形成了庞大的流动资产池，银行和金融其实就代表了资产阶级的共同资本，有时还会通过利用借出虚拟资本来增加这种共同资本。这就是银行系统内的货币创造。有时这种货币创造会过度（当银行借出存款金额的 30 倍时）。金融系统也为各种交易提供清算。

它实际上是资本的中枢神经系统，让货币资本在各个部门流动并让资本始终流向利润率较高或利润率期待较高的地方。

在所有这些背后就出现了一个投资者阶级——由个人、机构、组织和公司组成的食利阶层，其目的就是追求货币资本的回报。[35] 这是特殊的有产阶级，即“金融贵族”，这个阶级推动了生息资本的流通，在不从事任何实际生产的情况下就获得回报。[36] 养老基金希望获得资本回报（养老基金确实有信托义务这样做），而非营利机构（如私立大学）和富裕人士也是如此。

马克思在《资本论》第二卷中根据资本形态变化及其循环将资本流通过程分解成商品资本、货币资本和生产资本，从货币资本流通的角度看，价值生产和价值实现环节可能会影响利润的赚取。如果生息资本不通过生产和实现环节就能自我增值，那么资本一定会这样做。这正是在分配领域内所发生的。银行借钱给其他银行，银行以 0.5% 的利息从美联储拿钱然后去买利息率为 2% 的 10 年期国债，还能有比这个更简单的赚钱方式吗？货币资本直接跳过投资生产去逐利的动机有很多，尤其是当实际利润率较低或劳资关系紧张时。大家的希望是，如果没有对实体经济的充分投资，那么将会加大供给稀缺程度，由此提高价格和利润率，这样又会吸引货币资本投入价值生产中。但在货币资本的逐利过程中出现了对冲基金和私募股权公司，这些机构可以直接从任何类型和期限的市场波动中获利。这些机构存在的理由是，它们可以让市场更有效率，但当这些机构大赚特赚时（事实也常常如此），它们实际上吸走了资本流通中的很大一部分。马克思对于资本吸血鬼的描绘用来形容这些机构可谓恰如其分。

事实上，马克思在他所处的时代就关注到生息资本的这些特征。他曾写道："资本表现为利息的即资本自身增殖的神秘的、自行创造的源泉。"正是在这里，"这个自动的拜物教，即自行增殖的价值，会生出货币的货币，就纯粹地表现出来了"，这是"资本的神秘化取得了最明显的形式"。[37]这是货币化对价值最大的背叛，也是货币对价值形式最大限度的扭曲，尽管货币本来是要代表价值的。

这种影响远远不是表面上的投资造成市场动荡那样简

单。马克思当时看不清楚金融体系内资本流动的日益集中会造成哪些制度变迁。18 世纪 60 年代以来，股份公司和大型银行机构的发展都显示了所有权和管理层的分离。马克思最初十分欣赏圣西蒙的联合主义思想，他也曾寻找资本联合所能发挥的进步作用，在某一时刻甚至幻想“在资本主义生产方式中废除资本主义生产方式本身”，因此他认为资本联合可能会引向“新的生产方式”。[38] 但是在法兰西第二帝国时期的巴黎，圣西蒙的思想却开始帮助反动力量，新的信用机构和国家支持的大型资本主义项目相互勾结，为此马克思很快就改变了他的看法。他认为信用制度“在一定部门中造成了垄断，因而要求国家的干涉。它再生产出了一种新的金融贵族，一种新的寄生虫——发起人、创业人和徒有其名的董事；并在创立公司、发行股票和进行股票交易方面再生产出了一整套投机和欺诈活动。这是一种没有私有财产控制的私人生产”。[39]

资本不仅被重新定义为“掌控别人的钱”，而且也创造出完全独立于价值关系的空间。“在这里，一切尺度，一切在资本主义生产方式内多少还可以站得住脚的辩护理由都消失了。进行投机的批发商人是拿社会的财产，而不是拿自己的财产来进行冒险的。资本起源于节约的说法，也是荒唐的，因为那种人正是要求别人为他而节约。”[40]这就是美国的现收现付制社会保障系统要变身为股市养老投资基金的永恒压力！这种效应在马克思的时代就已经很明显了。

> 在资本主义生产不很发达的阶段还有某种意义的各种观念，在这里变得完全没有意义了。在这里，成功和失败同时导致资本的集中，从而导致最大规模的剥夺。在这里，剥夺已经从直接生产者扩展到中小资本家自身。这种剥夺是资本主义生产方式的出发点……这种剥夺在资本主义制度本身内，以对立的形态表现出来，即社会财产为少数人所占有；而信用使这少数人越来越具有纯粹冒险家的性质。[41]

自20世纪70年代以来，传统资本积累的难度不断增加，因此资本主义剥削经济和剥夺式资本积累就越来越以破坏性的方式出现，借助债务和信用系统不断加剧。马克思清楚地看到未来资本再生产所面临的一切危险，这终将导致资本主义难以为继。颇具讽刺意味的是，这种情况下的中心矛盾并不是资本与劳动的矛盾；其主要矛盾在于不同的资本类别之间的对立。

MARX,
CAPITAL AND
THE MADNESS OF
ECONOMIC REASON

第四章

反价值：贬值理论

M A R X ,

CAPITAL AND THE MADNESS OF ECONOMIC REASON

《资本论》第一卷第一章第一节的结束语："如果物没有用，那么其中包含的劳动也就没有用，不能算作劳动，因此不形成价值。"[1]通过这一精辟的论述，马克思向我们介绍了资本循环的脆弱性，它会突然停止，货币贬值和价值损失的威胁始终伴随着资本循环。此外，进入商品的生产资料的价值也会随着劳动创造的额外价值一并消失。价值从商品形式到货币形式是一段充满危险的旅途。

如我们所见，马克思在第一卷的大部分章节中基本上搁置了价值实现的问题，以把笔墨集中在物质商品和剩余价值的生产过程上。当然他也很清楚地表示"活劳动创造价值但资本循环实现价值"，而价值生产与实现之间必然存在的统一是"对立的统一"。[2]因此，在第一卷中马克思就发出警告，商品爱货币，但是"真爱情的道路决不是平坦的"。[3]

马克思在阐述每个重要的概念时，例如价值，基本上都会结合其否定的可能性。在马克思的许多著述中，黑格尔的“否定之否定”有着很大的影响。他当然不反对跟黑格尔的思想“调情”（他的原话）。资产阶级的思想对辩证法感到“恼怒和恐怖”，现在依然如此，但马克思认为辩证法在对现存事物表示肯定的同时也包含对现存事物的否定，即认为现存事物必然灭亡。辩证法认为每一种历史发展的形式都处于不断的运动中，因而也是从它的暂时性方面去理解。[4]

按照马克思的思想，价值之所以存在是因为有反价值。虽然这听起来可能是一个奇怪的提法，但如今的物理学家都在依靠物质与反物质之间的关系来解释基本物理过程。马克思经常将他的概念框架与自然科学进行比较。如果当时自然科学就有反物质的概念，或许马克思就会用到它。资本的运动规律取决于价值与反价值的关系，就如同物理学定律有赖于物质与反物质之间的关系。这种对立甚至存在于交换行为中，因为商品必须是购买者得到使用价值而卖方获得非使用价值。或者，如马克思在《政治经济学批判大纲》中的哲学表述那样：因为价值是资本的基础，资本必然只有通过和对等价值相交换才能存在，所以资本必然自己排斥自己。在作为已经实现了的交换价值的资本中已经包含着各个资本的互相排斥。[5]

在实现环节，对价值的否定并没有什么神秘或晦涩的东西。所有资本家都知道，只有当他们的商品被卖出换成钱，而且换回的钱要大于他们所支付的工资和生产资料投入时，他们的经营才算成功。如果不能做到这一点，那他们就不能做资本家了，因为他们无法获得当初雇佣劳动投入商品生产时他们所想象的那部分价值。但反价值的概念要比这个更加宽泛。在马克思看来，这并不是一个不幸的意外或一个错误计算的结果，这源自资本本身的性质。"如果说资本通过生产过程作为价值和新价值被再生产出来，那么，它同时也是作为非价值，作为还要通过交换才能实现为价值的东西被创造出来。"[6]反价值的可能性和现实是永远存在的。如果价值生产想不断延续下去，那么必须克服反价值，即需要付清反价值。

资本是运动中的价值，其中出于任何原因导致的停顿或运动放慢都意味着价值的损失，只有当资本运动恢复时这部分损失才能全部或部分恢复。当资本被视为一种具体形式，无论是作为一种生产过程、一种等待出售的产品、一种在商人资本家手中流通的商品，还是等待转移或再投资的资金，此时，资本实际上“贬值”了。在这些状态中，“休眠”的资本被“否定”、“休耕”、“静止”或“固化”了。[7]或者可以这样考虑：“只要资本仍以成品的形式被冻结，它就不能作为资本活动，而是否定资本。”一旦资本重新开始流动，这种“虚拟贬值”就会被克服或“暂停”。从马克思的这一系列言论中可以清楚地看出，他并不认为反价值是“作为一种外部威胁在价值上头徘徊”，而是作为资本循环本身的一种永久性破坏力量。

将贬值视为价值过程的必要时刻的好处在于，它使我们能立即看到资本普遍贬值的可能性，即危机。只要在价值生产、实现和分配的任何一个环节资本流通低于一定速度，都有可能产生价值困难甚至中断。我们必须认识到保持流通连续性和一定速度的重要性。价值在运动中的任何放缓都会造成价值的损失。反过来，加速资本周转时间则是加快价值创造的关键。这也是《资本论》第二卷中隐含的一个重要结论。然而这些恰恰是《资本论》第一卷中的假设条件所规避的，在第一卷中马克思假设所有商品都按其价值交换。但事实是，如果产品库存增加，如果货币闲置时间超过绝对必要时间，如果半成品在生产过程中的时间过长，那么这些问题都会导致危机。“危机的发生不仅是因为商品卖不出去，还因为商品无法在特定时间段内卖出去。”[8]这一原则同样适用于生产中的劳动时间：如果韩国工厂生产一辆汽车所需的时间仅仅是底特律工厂的一半，那么底特律工厂多付出的一倍时间完全没有价值。按马克思所言，只要（资本）留在生产过程中，它就无法流通，实际上它是贬值的。只要它在流通中，它就不能生产……只要它不能投放市场，它就固定在产品上。只要它在市场上，它就固定在商品上。只要它不能用来交换成生产条件，它就只能是货币。[9]

因此，资本家陷入了一场永无休止的战斗，不仅要产生价值，而且要与潜在的价值消灭因素做斗争。从生产到实现的步骤是资本整体循环的关键所在，这也是这场斗争的主战场。

那么在什么情况下，价值可能无法在市场上实现呢？首先，如果在某个具体地点和时间点上无人需要所提供商品的特殊使用价值，那么该产品就没有价值，[10] 该产品甚至无法被称为商品。此外，潜在买家也必须有足够的钱来支付使用价值。这两个条件只要有一个不能满足，那结果就是没有价值。稍后我们将详细论述为什么这两个条件并不总是同时具备。但显然，对于新的市场需求和欲望的制造和管理对于资本主义发展有重大影响，将我们称之为人性的东西变为不断变化和可塑的内容，而不是恒定或给定的。资本不仅刺激我们的欲望，也搅乱我们的心智。

但价值实现环节有一个很重要的特征。价值实现所牵涉的基本社会关系是买卖双方的关系。即便是最低收入的工人在当消费者时，也有神圣的消费选择权。[11] 这与价值生产过程中的资本—劳动关系地位截然不同。实际上，市场中资本和劳动关系受市场交易规则支配（尽管资本可通过技术变革以及劳动力后备军的生产决定劳动力供求关系）。但在价值生产过程中最重要的是隐藏在生产表面下的关系，即劳动过程中资本和劳动之间的阶级对立。在价值实现环节却没有这样的对立关系。在价值实现环节，商品的购买方（不管是什么阶级）都拥有某种程度的消费者选择权（无论是个人的还是集体的）。尽管消费者需求和欲望在很大程度上都是资本通过各种直接和间接方式塑造的“理性消费”的结果，但在历史上也总是有各种零星乃至整体性的运动来对抗资本的操纵。消费者集体选择可以通过多种方式来实现，例如通过长期的政治运动最后以国家法规的形式确定劳动者福利和待遇。对资本的抵抗在道德、政治、文化、审美、宗教甚至哲学层面都曾发生过。人们尤其反对将基本商品和服务进行商业化或市场化（例如教育、医疗和饮用水）。许多人认为这些公共品属于基本人权，而不是用于买卖的商品。由于技术故障和资本循环失速而导致的被动反价值往往也会配合主动反价值斗争，即反对商业化和私有化的政治斗争。

反价值因而被定义为反资本主义的一个主动斗争领域。尽管消费者的集体抵制少有成功案例，但这种反对炫耀消费甚至补偿性消费的运动构成了对价值实现的政治威胁。资本家也必须组织起来应对这一威胁。目前存在的各种各样的政治斗争会影响价值的实现，这一点是毋庸置疑的。有组织的斗争、反抗和抵制在日常生活中司空见惯，无论这些运动是否明确标榜自己是否属于反资本主义斗争。马克思并未直接研究这些问题，他只是顺便提到了这些运动。但在这里，他所构建的资本流通总框架变得更加清晰。

实现后的价值只有再度投入生产过程中，重新开始在生产过程中雇佣劳动力来创造价值，价值才能继续成为资本。货币重新投入劳动过程的环节，即价值生产环节，也是资本最容易遭受价值消灭威胁的时刻，威胁来自人格化的异化的劳动。工人阶级（无论定义如何）是反价值的化身。正是基于异化劳动的基本概念，特龙蒂、奈格里和意大利自治论者构建了生产环节的劳动对抗和阶级斗争理论。[12] 拒绝工作就是人格化的反价值斗争。这种阶级斗争发生在生产环节，与价值实现环节买卖双方的政治斗争完全不同。劳动者在生产剩余价值时实现了资本和资产阶级的再生产，如果劳动者拒绝劳动，那么资本和资产阶级的再生产就不会发生。

按同样的思路，马克思从持续资本积累的角度提出了价值生产和价值实现的对立统一，因此相应地，在反资本主义运动中也必须承认对资本生产和资本实现斗争的对立统一。表面上，价值实现和价值生产所牵涉的政治有完全不同的社会结构和组织形式。为此，左派往往将价值生产和价值实现的斗争全然分开，把重点完全放在价值生产的斗争上。然而，无论是关于价值生产还是价值实现的斗争，都是发生在资本循环的整体逻辑和动态之中。那么，为何反资本主义运动无法承认其对立统一性呢？

对这种对立统一性的研究揭示了后资本主义秩序中的许多矛盾，因为社会劳动——我们为他人所做的劳动——几乎肯定是未来社会的一个重要特征。任何反资本主义社会都会脱胎于当代资本主义的子宫，脱胎于马克思所言的一切都“孕育着对立面”的世界。[13]“所有经济最终都会自我减少”到“时间经济”的程度，因此“在资本主义生产方式消灭以后，但社会生产依然存在的情况下，价值决定仍会在下述意义上起支配作用：劳动时间的调节和社会劳动在各类不同生产之间的分配，最后，与此有关的簿记，将比以前任何时候都更重要”。[14]这意味着联合起来的劳动者能掌握自己的劳动过程和生产资料，与他人协作生产，在满足自身需求的同时还能帮助他人。马克思文本中一个恒久的论题就是价值现在是什么，在消灭资本主义的世界里又会变成什么。[15]其目的似乎不是要废除价值（尽管有些人喜欢这样说），而是要转变价值的意义和内容。在这一过程中，反价值不断被激起。从这个意义上说，反价值是构成反对资本主义理论和实践的土壤。

马克思对于生产过程中的资本斗争的看法是完全正确的，他认为生产过程中的斗争的政治意义要超过在市场中的斗争，这也是正确的。但现在我们看到，生产并不是反价值斗争的唯一重要领域。价值和反价值的关系在资本循环过程中有各种表现形式。反价值与价值也并非总是对立的，它对于如何定义和保护资本的未来起着关键的作用。对反价值斗争的反击让资本时刻保持警醒，对于资本而言，消除反价值威胁的紧迫性要远远超过价值生产。

债务经济

这就引到了债务的问题，债务是反价值的重要形式。马克思提出的问题是债务产生的原因和方式以及债务在典型资本主义生产方式中的作用。以长期固定资本投资为例，如果想付出一定资本购买一台使用寿命较长的机器，在旧的机器报废前，资本家就要储蓄足够的钱来购买新机器，这部分钱就是资本家在新机器使用寿命期限内能回收的部分。但贮藏起来的货币是僵死和贬值的资本。此时反价值即以否定资本积累的形式存在，因为资本家每年需要存钱，直到储蓄足以购买新机器。[16] 消费者为了买车买房所进行的储蓄也与此类似。数量庞大的僵死资本不断累积（对于消费者而言则是在床垫底下的钞票）。囤积的货币储蓄减缓了机械化程度的提高和耐用消费品的消费。此时信用体系就开始发挥作用。出于任何目的的储蓄都能放进银行，然后银行会按一定利息借给其他资本家。工业资本家就有了选择：要么借钱买机器，在机器使用寿命内分期偿还债务；要么直接买机器，把每年的折旧放在货币市场上赚取利息，直到机器需要更换为止。

无论如何，资金都被借了出去——债务开始发生——由此成为生息资本信贷体系中的一种反价值形式，金融系统内的债务交易成为一个活跃的部分。这创造了更大的流动性，并有助于绕过因周转时间完全不同而形成的资本连续流通的障碍。即便商品生产本身笨拙且经常不连贯，货币也能继续平稳流通。这就是信用制度在资本主义生产方式中的特殊性，使它区别于以前所有的制度。马克思指出，生产时间和流通时间的矛盾涵盖整个信用原理。对未来劳动成果的预期……不是信用体系的发明。其根源在于具体的价值实现模式、周转模式以及固定资本的再生产模式。[17] 信用制度从属于资本循环，它从来不是脱离于资本循环外的叠加。

信贷干预的直接作用就是让囤积的货币活起来，让僵死的货币重新开始运动起来。但债务是对未来价值生产的索赔，只能通过价值生产来偿付。如果未来的价值生产不足以偿还债务，那么就会出现危机。价值与反价值的碰撞会引发周期性的货币和金融危机。从长远来看，资本必须面对不断上升的对未来价值的索求，因为只有创造更多价值才能清偿债务经济和信贷体系中的反价值积累。资本所生产的不再是价值和财富的积累，而是产生了必须偿还的债务积累。价值生产的未来被透支了。

反价值的债务成为价值和剩余价值进一步产生的主要动力和杠杆之一。传统和保守的观点认为，推动资本循环的源泉一直是个体资本家对利润的追求。当然，国家政策想要监管的小企业主和创业者常常都以创造资本主义活力的英雄面貌出现。但这种面貌更可能是一种伪饰而非现实。对利润最大化的追求不会导致剩余价值生产最大化。利润信号往往是误导性的，即便不是全然错误的。马克思指出，如果资本家只是追着利润跑，就可能导致利润下降和危机。然后就出现了两个解决方案：资本集中在大公司以减少竞争，或通过国家干预来创造有效需求和价值实现条件以刺激资本的积累。国家和企业债务融资成为维持价值生产连续性的重要手段。从 1945 年到 1980 年，资本主义世界的大部分地区都是如此。竞争性资本主义让位给国家垄断资本主义，凯恩斯主义国家政策则以不同路径刺激市场，其重点是以债务融资方式扩大总需求。该系统面临两个难题：首先，获得更多权利的工人阶级的反价值和反资本主义情绪高涨，这自20世纪60年代以来就变得非常明显；其次，对债务融资越来越依赖则意味着反价值力量的增强，生息资本在资本流通中所起的作用越来越大。其结果就是将价值生产锁定在遥远的未来，只要未来无法生产所预期的价值，就会产生透支现象，为此必须通过大规模破坏的方式来打破这种约定。所以从20世纪70年代中期开始，资本主义债务危机不断发生，例如1975年纽约的技术性债务违约以及1982年由墨西哥开始的发展中国家债务危机。

价值的生产、实现和分配都是相互独立但又相互关联的整体资本循环中的阶段（马克思喜欢用这样的表述）。但随着情况的变化，其相对重要程度也在变化。金融系统里出现大量的为确保未来价值生产的反价值因素是相对较新的情况。此外也有地理上的转变。直到近几年，资本积累在中国的主要形式仍是国家对生产性消费（基础设施）的投资，但现在可能已经转向金融系统的市场化。这样的转换会给反资本主义力量带来新的问题。现在阶级敌人的面貌越来越模糊，而债务的触角却延伸到生活的各个角落，每个口袋里塞着信用卡的人都在为资本主义债务增砖添瓦。

资本最初创立反价值的债务的目的是为了解决特定问题，例如应对不同资本周转周期所导致的资本过度囤积的风险。反价值的力量是用来释放所有的休眠价值并确保资本循环的持续性。“这种绝对的致富欲，这种价值追逐狂，是资本家和货币贮藏者所共有的，不过货币贮藏者是发狂的资本家，资本家是理智的货币贮藏者。货币贮藏者竭力把货币从流通中拯救出来，以谋求价值的无休止的增殖，而精明的资本家不断地把货币重新投入流通，却达到了这一目的。”[18] 但这样做的前提是必须存在一个信用体系和开放的金融市场。马克思在《资本论》第一卷中触及了这一问题，“债权人或债务人的身份……是从简单商品流通中产生的”，这种关系是隐藏在市场交换中的。但马克思进而又暗示，这种债权债务关系“具有货币关系的形式——所反映的不过是更深刻的经济生活条件的对抗”。[19] 从文本中看不出这种深刻的对抗到底指什么。那么马克思在这里说的是否就是价值和反价值的辩证关系呢？我认为是这样的。

债务人和债权人之间的关系早在资本主义兴起之前就已存在。马克思和我们所要研究的问题是，诸如地租和商业资本利润等债权债务关系如何演化并转变成价值运动的基本推动力，以及这种关系对资本历史造成的影响。例如，现在印度小额信贷已经有大约 1 200 万个客户，这些人不得不每天尽量创造价值来偿还贷款。如果他们不这样做或主动拒绝还债，那么他们的资产（通常是土地和财产）就会被收走（这也是常见的次级抵押贷款的把戏）。[20] 让弱势群体和边缘人群背上债务，实际上就是要把债务人变成生产性劳动者（生产性定义为可以生产价值，这部分价值通过高利率的形式被资本家剥夺）。在资本主义国家，债务缠身的学生和负债累累的家庭其实都被严重限制了未来的自由。这种现象并非偶然，因为资本越来越难按照常规方式组织价值生产，所以这种新型的价值生产方式就开始激增。我们将在结论部分再详细论述这一点。

另一方面，我的养老基金现在也投资于债务，其基本理念就是所有债务都会得到偿付。[21] 但如果债务无法在未来得到偿付，那么我的养老基金价值（虚拟的）就会消失在反价值的黑洞中。看看今天世界上大部分养老基金的状态，就会知道危机正在形成，因为在无边无际的未来累积了太多没有着落的债务。国家债务看起来更令人担忧。正如个人债务者会受其债务控制，国家也会被债权人的反价值力量拖累。整个经济系统都可能在反价值的自重作用下崩溃，这种风险是现实存在的。2011年后的希腊债务危机就是一个小规模的例子。当债务变得如此巨大，完全看不到有通过未来价值生产来清偿债务的可能性时，债权人接收或债权人逼债就会出现。雅典是人类民主的摇篮，但如今的雅典却是国家沦为债务奴隶的缩影。

生息资本的形成和流通实际上也是反价值的循环。表面看可能有些违背常识，像伦敦城、华尔街、法兰克福等主要金融中心实际上也是世界资本主义体系的反价值中心，这些城市中的高楼大厦不过是培养债务的实验场而已。马克思在关于银行业、金融和虚拟资本的论述中曾暗示说，这样的危险在于让资本蜕变成一个巨大的“庞氏骗局”[①]，即

① 马克思的时代还没有出现庞氏骗局的说法，这里是作者一个形象的表达。——编者注

需要不断借新还旧。中央银行目前就在不断创造新的货币来支撑股价和资产价格，从中获益的则是金融寡头。但这也给央行留下了如何处理资产负债表上债务的问题。马克思在《资本论》第一卷中所描述的社会不平等加剧的情况将越发突出，虽然这次是通过金融操纵和金融排斥这样不同的机制造成的。富人通过金融操纵变得更富，穷人则因需偿还债务（个人负债或以国家债务形式的集体负债）变得更穷。同时，几乎没有人在思考价值生产的问题，只有地球上最贫穷的国家还在挣扎着从事直接生产。

反价值的概念在大型经济危机发生时的大贬值中会表现得尤为突出。在《资本论》第一卷中，马克思给出了具体例子来说明危机是如何发生的。马克思反对萨伊定律（李嘉图接受该定律），按照该定律，既然每一次销售都意味着一次购买，那么销售和购买必然始终处于平衡状态。这个所谓的“定律”如果成立，那么普遍危机就不会发生。[22]但这样的定律只有在纯粹的易货贸易情况下才成立。然而在货币化经济时代，商品需要转换成货币，然后货币又要转换成商品，周而复始。如果有人卖掉商品换回了货币，但他并不需要立刻将到手的货币花出去购买新的商品，如果所有的经济主体都决定持有和储蓄货币（出于某种共同的原因，例如对系统的信心崩溃），那么流通就会终止，经济就会崩溃，价值就会被消灭。这就是凯恩斯后来定义的“流动性陷阱”。反价值替代了价值，因为价值只能通过连续运动才能成其为价值。例如在2007—2008年的经济危机中，仅美国的资产价值损失（贬值）就达到15万亿美元（接近美国一年的国内生产总值）。

价值和反价值这一对辩证概念在马克思的思考中极为重要，然而其重要性经常被忽略或在分析问题时被忽视。但是，基于价值否定的辩证范式（古典和新古典经济学因其实证主义倾向而无法承认这一范式）是理解资本危机的基础。对于马克思本人是否了解这一范式，这是一个有趣的问题。他在《资本论》第三卷中对英国金融系统的长篇大论和常常令人困惑的分析表明，他非常明白“货币资本的积累”主要意义在于对生产债权的积累。[23]银行和信贷都成为驱动资本主义生产超越自身障碍的最强有力的手段，同时也成为最有效的危机和欺诈的工具。虚拟资本不受制约的积累意味着所有与资本实际增值过程中的联系都彻底失去了，结果就是这种“资本会通过自身力量增殖”的幻觉得以巩固。[24] 我把钱放在储蓄账户上，储蓄账户会按照确定的利率不断产生利息。这看起来很神奇。我什么也不做，但钱却生出钱来了！现在似乎整个经济体都处在这种自我生长的轨道，难怪马克思认为金融制度是资本主义拜物倾向的最高点。

信用制度是“资本主义生产方式的历史使命”，也是推动无止境资本积累的主要推动力。

> 建立在资本主义生产的对立性质基础上的资本增殖，只容许现实的自由的发展达到一定的限度，因而，它事实上为生产造成了一种内在的但不断被信用制度打破的束缚和限制。因此，信用制度加速了生产力的物质上的发展和世界市场的形成……同时，信用加速了这种矛盾的暴力的爆发，即危机，因而加强了旧生产方式解体的各种要素。信用制度固有的二重性质是：一方面，把资本主义生产的动力——用剥削别人劳动

> 的办法来发财致富——发展成为最纯粹最巨大的赌博欺诈制度，并且使剥削社会财富的少数人的人数越来越减少；另一方面，又是转到一种新生产方式的过渡形式。正是这种二重性质，使信用的主要宣扬者……都具有这样一种有趣的混合性质：既是骗子又是预言家。[25]

呜呼！今天的华尔街银行家常常被称为“宇宙的主宰”，而他们所做的已远远超过赌博欺诈，尽管他们使用了虚伪的预言术来为自己的欺诈寻找借口。可惜，目前也没有迹象表明，信用制度和生息资本循环日渐增加的力量正构成迈向新生产方式的垫脚石。实际上，我们现在所面对的是一帮贪婪透顶但又实力雄厚的投资客，他们能收买几乎全部的严肃反对力量并不断将人们无法消化的信用货币强加给这个世界。

为什么金融家会为猛烈爆发的危机弹冠相庆？乍看上去这似乎是违背直觉的。但如果引入反价值循环的概念，那么危机实际上是反价值力量的胜利时刻，即便危机给所有从事价值生产和价值实现的人带来了绝望。美国银行家安德鲁·梅隆早在20世纪20年代就曾说过，“在危机中，资产将回到合理所有者的手中”，而他所说的合理所有者当然是指他自己。[26]危机之后通常会留下一堆贬值的资产，那么拥有现金（或拥有特权）的人就可以在资产大甩卖中大肆购入。这是1997—1998年东南亚金融危机时发生的故事。由于缺乏流动性，本来经营良好的公司也会被逼破产并落入外国银行的手中，然后在若干年后这些外国银行又会将之出售并获得巨额利润。

在危机中，马克思尤其关注如下可能性：（1）使用价值的物理破坏和使用价值下降；（2）货币交换价值的强制贬值；（3）价值的集中贬值，因为这是克服资本过度积累不合理性的唯一“理性”途径。[27]注意马克思再次用的语言。每一种牵涉到的形式——使用价值、交换价值和价值——都受制于具体的否定，而一种形式并不自动影响另一种形式。价值损失和交换价值贬值并不一定意味着使用价值的物理破坏，后者可以成为资本主义积累重新复兴的免费商品。这是反价值发挥作用重新恢复价值生产的一种途径。地铁系统破产（地铁贬值以及投资资本损失），但留下的隧道依然具有使用价值，当我们在伦敦旅行时依然可以使用地铁系统。在美国2007—2008年的危机中，大量具有使用价值的房屋被私募投资公司和对冲基金以超低价格买进，然后等市场回暖时再到市场上出售赚取利润。马克思当初就完全意识到这种可能性。他指出，有些资本的投资并没有回报，或只有当投资出现一定程度的贬值后才能有回报……许多事业的首次投资往往是沉没成本和损失，第一家企业破产，然后要到第二家或第三家企业的时候才开始实现回报，而此时投资资本已经因为贬值而变小。[28] 同理，交换价值的迅速升值（如在土地和房地产市场上）并不一定意味着实际价值的增加，也不意味着使用价值的任何实质性改善。

非生产性劳动的重压

反价值理论必须接受一系列不具有价值的活动，尽管这些活动对资本运行是必不可少的。这就要提到非生产性劳动这一难题，亚当·斯密对此有过详尽的论述。

马克思也认为，流通环节（如市场营销）的工人不产生价值（否则他将不得不承认，价值也可以通过市场交换产生），但他们可以是剩余价值的源泉之一。这些工人就像机器，虽然本身不能产生价值，但其劳动可降低工资商品的成本以增加相对剩余价值，即降低了劳动力所获得的价值而提高了资本家所占有的剩余价值。马克思认为，商品流通和国家行政管理的成本应该在价值和剩余价值生产中被减去。[29] 对于工业资本家或商业资本家承担的市场流通的成本（运输以外），则可以在已经生产的潜在价值中给予必要的扣除。马克思说，这些流通成本和循环时间的节约是“减少对创造价值的否定”。但是，如果由于增加非生产劳动的剥削率可以减少那种扣除，那么更多的剩余价值就留给资本家了。非生产性的社会必要活动并不是天生反对资本主义的，例如簿记、零售、行政监管以及执法等。

但如果每个人都试图以这种方式谋生，而没有人从事生产，那么资本就会消亡，反价值将会胜出。结论是显而易见的：流通环节中吸收过度的劳动（不产生价值）或过度的不生产价值的官僚化（无论是企业内部还是从国家层面），会威胁资本的再生产，即便其本身没有反资本主义的形式或意图。这是一种可打乱价值运动的干扰。高额成本和低效循环以及过度调节和官僚干预（包括警察）会以非生产性的方式耗费大量价值。如果像一些传统经济学家所说的那样，美国经济当前有太多“忙碌而无用”的活动，那么这些活动实际上是拖累了价值和剩余价值的生产与流通。因此某些人假定这就是当代资本主义的“大停滞”。几乎所有右翼政党在批评国家干预时都会提到，过度管制和官僚机构是市场自由最大的敌人，拖累了资本主义的大发展，而资本主义发展最终会惠及每个人。当然，马克思在《资本论》第一卷中最明确的论点就是：完全不受管制的自由资本主义不会惠及所有人，只会把更多的财富和权力集中在最富有的1%的人手中。但是右翼政治派别的观点也有可取之处：如果过度依赖非生产性劳动，那么就会对价值生产和流通产生不利影响。

流通环节必要费用的节约和效率提升是很重要的。马克思认为，非生产性劳动是反价值的一个重要的推动力，尽管其作用可能不是主导性的。但一个令人吃惊的结果是，在这些非生产性活动中，对活劳动剥削的恶劣程度可能比在生产过程中还有过之而无不及（至少在某些情况下是）。

在实际中很难分清社会必要的非生产性劳动和过度的非生产性劳动之间的界限。有关监管环境的政治辩论正是试图确立足够的规范。在这一点上，马克思关于工作日长度的论述提供了一个有趣的模板。资本家对绝对剩余价值的激烈竞争导致劳动时间延长和劳动强度加大，最后甚至到了危及劳动者生命、健康和劳动能力的地步。因此，最后即便从资本的角度来看，也必须建立一些集体形式的规章制度形成底线，以便于规范资本家的竞争，确保资本家不会对劳动力进行自我毁灭式的剥削。但如果劳动者与其他利益集团结盟而形成日益强大的政治力量，从而主动要求将工作日长度缩短，那么这将构成从另一个方向上的反资本主义斗争。劳资双方对劳动时间长度的话语权取决于双方阶级力量的对比：权力对等，实力说话。[30] 任何资本主义社会中的生产性和非生产性劳动平衡也取决于社会政治进程和斗争。

反价值的直接政治

现在，许多反资本主义的活动和政治都在商品生产和交换之外寻求设计另一种生活方式，这些互动虽然规模不大但很普遍。如果说奥尔曼认为价值是异化的劳动，那么现在对于非异化劳动存在的政治诉求则代表着对资本主义价值规律的主动和自觉的排斥，包括在个体和集体层面。现在有各种形式的反价值政治，例如自助经济体和协作社区可能希望在价值生产之外找到自身的再生产方式，[31] 其自身内部的交换以及跟外界的交换可能不一定是基于市场机制。无政府主义者公社、宗教社区以及乡土社会秩序都在资本主义制度内创造将价值规律排除在外的异位空间。但这种非价值生产活动始终存在危险，要么会被资本吸收作为价值生产的基础（利用或接纳自然免费馈赠），要么被当作某种产业后备军的再生产储备功能，毕竟现在劳动者变得越发冗余和可抛弃。

资本在循环和扩展过程中创造了各种政治对立。借助艺术、科学和技术的力量，资本在价值规律上也创造了社会必要劳动时间和可支配劳动时间（即非劳动时间）的对立。一方面，资本要创造可支配时间，另一方面，又要将其转化成剩余劳动时间。如果第一项做得太好，就会碰到生产过剩的问题，随后必要劳动会被打断，因为资本无法实现剩余劳动。[32]无法实现价值将成为不可逾越的障碍。“这个矛盾越发展，下述情况就越明显：生产力的增长再也不能被占有他人的剩余劳动所束缚了，工人群众自己应当占有自己的剩余劳动。”这样一来，“可以自由支配的时间就不再是对立的存在物了……社会生产力的发展将如此迅速，以致尽管生产将以所有的人富裕为目的，所有的人的可以自由支配的时间还是会增加。因为真正的财富就是所有个人的发达的生产力。那时，财富的尺度决不再是劳动时间，而是可以自由支配的时间”。[33]由此工人就可恢复那种无法衡量的价值感。而工人在与资本家签订工资劳动时间合同（虚构）时就失去了这种价值感，因为雇佣劳动让工人成为异化的存在，而生产过程中的资本增值则成为唯一的目的。

在这里，我们遇到了一些耐人寻味的政治悖论。在最近的评论中，大部分的关注点都是如何将知识和科学、无报酬的家务劳动和自然的“免费馈赠”融入价值演算中。毕竟，这些不也是价值的源泉吗？马克思的回答是，它们与机器的情况很相似：它们本身不能作为价值的来源，但它们能通过提高劳动生产率成为资产阶级相对剩余价值的来源。目前存在一种普遍的愿望，即把迄今为止所有“没有价值”的东西都纳入资本主义价值生产和流通中。这种愿望是可以理解的（因为像价值这样一个术语本身具有积极含义，因此人们希望获得价值认可是可以理解的，而有些贡献确实长年累月都未能获得充分认可），但这种愿望在政治主张上却是完全错误的。它无法理解反对派政治中非价值或反价值（非异化劳动和可支配时间）的辩证作用。只有在非价值和非异化劳动的空间中，才能产生出对资本主义生产方式及其价值构建和异化的深刻而广泛的批判。正如马克思所说，在资本主义生产方式中作为价值和剩余价值的生产者不是福气而是“不幸”。[34]

知识、信息、文化活动等都可以商品化并纳入资本主义。与此同时，其用于非异化活动和自由活动的潜能则构成了反资本主义的政治前沿。从这种矛盾的角度看，各种文化生产者是激进政治行动的重要的潜在组成部分。面对寄生食利阶层的步步紧逼，文化生产者正努力搜寻非异化的生活，这是社会发展中的重要张力点。但在很大程度上，他们的政治是围绕着价值实现条件展开的，尽管他们的生产条件也是资本主义控制下的一个必争之地。

同理，家务劳动不进入价值计算，这表明这是一个反资本主义政治表达的潜在场合（假定其自身内部关于性别、父权、性欲以及下一代抚养等的矛盾和异化可以得到解决）。现在越来越多的家庭劳动成为商品进入市场（从外卖、美甲到理发），但家务劳动时间还是在不断增加，尽管节省劳动的家务替代技术（洗衣机和吸尘机器人）不断问世。然而为家庭成员和更加广泛的社会成员提供的劳动是为了保护和生产公共产品，这可以成为一个挑战资本主义商品生产以及相应社会关系的强有力方案。发放家务工资（其实不太现实）只会说明，家务劳动可以纳入资本主义生产方式内（然后沦为异化劳动）。20 世纪 70 年代女权主义者发起“家务工资”活动是一项了不起的社会运动，它让人们关注经典马克思理论所忽视的性别问题，但其提出的政治解决方案却完全是错误的（它的一些支持者后来也承认这一点）。[35] 我以为，如果当时运动的发起人知道价值和反价值之间的辩证关系，那么这样错误的政治主张就不会被提出来。

也有一些运动，试图通过一些新的估值手段（如环境经济学家提议的）将自然的免费馈赠纳入价值生产过程中。这些不过是对自然空间巧妙地绿色化和商品化，而自然空间本来可对资本主义生产模式的霸权主义及其由商品化而形成的与自然的异化关系进行猛烈抨击。这些都是典型的反对资本主义的声音可以发声的空间。但最近颇有影响的政治运动却要将反种族隔离的主张往价值理论的框架里塞！如果说资本主义下的价值创造了异化的劳动和劳动者，那么为何任何进步运动的成员要将自己的事业置于资本主义体系内？

最后，贬值也会打击商品劳动力的承担者，即劳动者。在危机中，即使工人保持其技能和劳动能力，工人的工资待遇以及健康福利也会受到威胁。例如 2008 年美国对通用汽车的国有化过程中，就出现了一种双重就业结构，其中老工人继续维持工资和福利，而新招聘的工人的工资待遇和福利则要低一大截。随着时间的推移，劳动力的损失和劳动力价值的贬值会对劳动人口造成实际破坏，即便出于明显的原因资本不会走到那一步，这些变化都会引起工人（个人或集体）的某种政治反应。

在价值理论中，必须要面对反价值的力量，因为这是资本作为价值运动在循环中的更深层次的矛盾，清晰理解这一矛盾是面对当今债务问题的重要步骤。现在，债务不仅越来越决定当下的社会关系和福利，也越来越影响到未来的生活图景。现在许多人都认为，资本主义的末日比世界末日更难想象，因为未来资本主义已经被透支在作为反价值形式的无限债务积累中。对许多人来说，唯一存在的希望就是外部干预——某种推倒重来的事件——来拯救我们。但这样的事不会发生。唯一能拯救我们的是大幅度地削减（如果不是完全消除的话）支配我们未来的债务。

反价值意味着资本循环可能会出现中断。这预示着资本的危机趋势会有不同形式或从一个环节（如生产）到另一个环节（例如价值实现）。[36] 这种认识很重要，但经常被忽视。马克思告诉我们，危机并非总是意味着资本主义的终结，反而为资本主义的复兴奠定了舞台（与流行认知相反）。正是在此，我们清楚地看到了反价值在资本再生产中的辩证作用，“危机永远只是现有矛盾的暂时的暴力的解决，永远只是使已经破坏的平衡得到瞬间恢复的暴力的爆发”。[37]但资本的重生是不安全的和有限度的。债务的积累（对未来价值生产的索求）可能超出未来价值和剩余价值生产与实现的能力。即使债务成功清偿，偿付债务的制约也会限制未来的自由。债务会束缚个人乃至经济的未来。[38]这一论点将在后面详述。

MARX,
CAPITAL AND
THE MADNESS OF
ECONOMIC REASON

第五章

无价值的价格

M A R X ,

CAPITAL AND THE MADNESS OF ECONOMIC REASON

价值和价格的异质性非常关键，其重要程度可能要超过马克思的论述本身。两者之间的矛盾可能会随着时间的推移而激化。如果投资者是在资产定价市场上通过投资于无价值资产寻求投机收益（艺术品、货币或炭期货），而不是投资于价值和剩余价值的创造，那么这表明价值可脱离一般的资本循环而以货币形式在虚拟价值市场中循环。在虚拟市场中没有直接的价值生产（也没有价值剥削）。当价格信号背离了它们理应代表的价值时，投资者必然会做出错误的决定。如果在房地产市场或其他形式的资产投机中利润率最高，那么理性的资本家就会把钱用于投机而不是用在生产活动上。从资本再生产的整体角度看，理性资本家是在从事非理性的行为，其结果可能是整体经济停滞的趋势加剧。

当然，某些使用价值是以“免费赠予”的形式进入资本主义生产的，这可能会起到中和作用。“这里的劳动对象……是由自然无偿赠予的，如金属矿石、矿物、煤炭、石头等等。”[1]

虽然资本在物质上依赖于与自然的交换关系，但这并不意味着自然本身就有价值。这是一个资本可以免费使用的礼物宝库，但如果这些使用价值被封存或变成私有财产，那么就可以用来标价。其所有者就可以从这些资源中获得资金，即便这些资源没有价值。历史形成的城市环境、耕地以及文化艺术遗产也有类似的特征。这些“第二自然”也是一个免费礼物的宝库，可为生产提供使用价值。[2]此外，资本还可从家务劳动、自给自足的农业生产以及其他非商品生产人群中获得“免费货物”的捐赠。马克思指出，“工人阶级的不断维持和再生产始终是资本再生产的条件。资本家可以放心地让工人维持自己和繁殖后代的本能去实现这个条件。”[3]劳动者自学获得的技能也可被资本无偿占用。工人在工作中学到的技能以及在工人脑海中储存的知识也是如此。如马克思所言：“工人作为社会工人所发挥的生产力，是资本的生产力。只要把工人置于一定的条件下，劳动的社会生产力就无须支付报酬而发挥出来，而资本正是把工人置于这样的条件之下的。因为劳动的社会生产力不费资本分文，另一方面，又因为工人在他的劳动本身属于资本以前不能发挥这种生产力，所以劳动的社会生产力好像是资本天然具有的生产力……”[4]但如果这些技能很难习得，有经验的工人可能获得其技能的垄断租金。因此，资本就要不断阻止工人队伍中垄断技能的形成。近年来计算机程序员地位的迅速变化——从专业人士到普通操作人员——就是一个很好的例子。

这些不是自古以来家族代代相传的技能。工人现在必须边学边做，这也是资本政治经济日益强大的一大特征。但它却表现为一种劳动力量、一种被资本占用的免费物品。当代数字劳动的变迁就提供了发人深省的案例。P2P 基金会的创始成员米歇尔·鲍文斯曾表示：“在认知资本主义体制下，使用价值的创造成几何状扩大，但交换价值只能线性上升，而使用价值几乎可通过资本完全实现，从而让超级剥削形式得以出现……在经典新自由主义下，劳动收入停滞不前，而在超自由主义时代，社会是去无产阶级化的，雇佣劳动日渐被孤立和不稳定的自由职业替代；更多的使用价值完全与劳动形式脱钩……”并且“使用价值创造者完全不享受任何交换价值，因为交换都是在专有的平台上实现”。[5]因此，真正劳动的那些人的平均时薪“不超过2美元，远远低于美国最低工资”。价格形式在此遮盖了隐藏着的“超级剥削”，鲍文斯认为这是一种“新封建”式的价值体系，其恶劣程度甚至要超过传统资本主义。这个体系越来越依赖于无偿“徭役”并创造无数债奴。这意味着一种基于志愿劳动的政治经济体系被应用于公共品的协作生产中。但最初设想的一个能解放劳动者并生产公共品的开放协作生产体系却迅速蜕变成资本予取予夺的超级剥削体系。大资本对自我学习的劳动所提供的无偿服务的毫无节制的掠夺（如亚马逊和谷歌）正成为我们这个时代的一大特征。这对所谓的文化产业也同样适用。发明性和创造性的工作被代理商和文化企业无情地交易并变成唯利是图的商业。我们需要更深入地研究这种劳动在价值和剩余价值创造和剥削上的作用。这给我们提出了当代资本主义辩论中“认知资本主义”的作用问题，而这个问题又取决于创造性活动和知识生产中的价值生产问题。[6]

考虑一下心理概念、知识和想象力是如何影响和关联资本循环的。它们如何与价值和剩余价值生产产生联系？认知资本主义理论家认为，知识已经成为一种价值形式并作为资本流动。他们说，过去是以商品为基础的经济，现在则是知识型经济。当下产生的许多知识无疑是有价格的，因为当代资本主义的一个重要特征就是知识产权的兴起。但把知识视为价值则是牵强和不成立的。尤其是科学技术知识，是一种典型的有价格但没有价值的产品。按照马克思的观点，科学技术知识是一代又一代的人慢慢累积起来的，它应该是免费品，是人类文化史留下的礼物，任何想要使用它的人都可以免费使用。事实上，现在人类知识正越来越多地被封闭、被私有化或被转变成商品，这可以告诉我们当代资本主义发展轨迹的某些特征。

但认知资本主义者坚持认为，这是马克思在《政治经济学批判大纲》中指出的方向。在一篇被广为引用的篇章中，他研究了“一般知识”的产品如何影响资本积累的动态发展。马克思论述的重点并不在于说知识是一种价值形式，而是知识和智力如何纳入价值生产中的固定资本，由此提升劳动生产率达到“作为生产中介的劳动开始变得冗余”（现在我们纷纷采用人工智能化就是例证）的程度。马克思暗示说，这可能会让劳动价值论显得累赘。马克思研究的对象是固定资本而不是知识本身。[7]所有不能纳入固定资本的知识都是不相关的。马克思只对那些能提高劳动生产率的知识感兴趣。在这一点上，管理科学、基因工程以及建造喷气发动机的知识是同等重要的。

但关于人类的想象力和创造力的问题也很重要，这些人类天性中自带的免费礼物可用来创新技术或创造一种在市场上销售商品的组织形式。“最蹩脚的建筑师从一开始就比最灵巧的蜜蜂高明的地方，是他在用蜂蜡建筑蜂房以前，已经在自己的头脑中把它建成了。”[8]思想、知识和想象力这些人性中自带的赠品也能作为使用价值投入生产技术中。在劳动过程中，人类的想象力是极其重要的，但人类的想象无论多么天马行空，都不是在真空中产生的。任何新知识建构的背景都是现有的经验和不同的理解方式，这些都是通过语言、概念、叙述和理论慢慢形成的。人类的自由天赋对确定人类生产什么产品以及如何从中获利有着持续性的重要影响。长期以来，对资本主义体系的一种重要批判就是，资本压抑了群众的创造潜力，因为资本不仅控制了生产的产品，还规定了生产的方式，甚至侵占了他人的知识和文化作品。当最蹩脚的建筑设计师受雇于一家建筑公司，开始为资本主义开发商设计建筑，或当生物学家开始为孟山都这样的大型跨国公司工作，为了提高作物产量不惜改变数千年来自然形成的遗传序列，那么人类的想象力也被圈进了剩余价值的生产和剥削之中。马克思将这一概念拓展到了文化生产领域：

> 密尔顿创作《失乐园》得到5镑，他是非生产劳动者。相反，为书商提供工厂式劳动的作家，则是生产劳动者。密尔顿出于同春蚕吐丝一样的必要而创作《失乐园》。那是他的天性的能动表现。后来，他把作品卖了5镑。但是，在书商指示下编写书籍（例如《政治经济学大纲》）的莱比锡的一位无产者作家却是生产劳动者，因为他的产品从一开始就从属于资本，只是

为了增加资本的价值才完成的。一个自行卖唱的歌女是非生产劳动者。但是，同一个歌女，被剧院老板雇用，老板为了赚钱而让她去唱歌，她就是生产劳动者，因为她生产资本。给别人教书的学校老师是非生产劳动者。但跟其他人一道在学校教书领取工资，来增加这所知识教育机构的所有者的资本，那么他就变成了生产劳动者。[9]

“生产”的定义在这里是指剩余价值的生产。密尔顿在写《失乐园》的时候没有创造价值。当他把作品的独家使用权以5英镑的价格向他人出售时，他虽然没有直接为价值生产做贡献，但扩大了货币流通范围。内容的使用权有价格但无价值，这样的商品销售存在一个前提，即有相应的法律制度来保护独家知识产权。只有当一个出版商以资本主义方式将《失乐园》印制成商品图书时，价值和剩余价值才能得以实现。这本书里的价值和剩余价值的实现取决于是否有读者想要或需要阅读这本书且有支付能力。《失乐园》的内容是独特的，任何其他已有的书籍都没有这些内容。这种内容的独特性通常可以使得其所有者定下垄断价格或提取垄断租金，其价格要远远高于凝聚在书本物理形式上的劳动。此外，如果这本书是第一版，那它可能会以天价成为某位收藏家的藏品。

这通常会使认知资本家感到困惑，因为创造性知识和文化劳动仿佛有奇特的力量让产品变得独特，而价格也似乎可以通过所谓的“声誉值”的增加来提升，这部分声誉值似乎跟劳动没有关系。[10] 另一方面，如果书本只是躺在库房里堆积灰尘，那么价值或剩余价值就不存在。因此，当密尔顿写作《失乐园》时，他创造了以垄断价格实行价值生产和剥削的某种可能性，但这种可能性在通过货币流通实现之前还要经过若干步骤。

这个世界上充斥着等待出版的作品。给这些作品定价并让其在知识产权市场上流通，这在理论上是可以无穷尽的。但这并不直接构成价值或剩余价值的生产，它只是强化了价值和货币表现之间的矛盾，同时在资本循环过程中榨取价值。知识产权市场和收藏品市场可以迅速扩张，对价值的生产和积累产生负面影响。对超级富豪减税可能让资本进一步集中在投资上。但如果富人愿意投资艺术品市场（现实情况也是如此），那么对创造价值将毫无作用。收入和财富不平等的加剧实际上跟价值生产的长期停滞和不断上涨的毕加索作品价格息息相关。

只要通过简单的封闭、商品化或侵占行为，非价值（如对等计算生成）就可以转换成无偿提供给资本的使用价值。价值生产对这些免费礼物的依赖程度各不相同，但在发达资本主义体系内这确实是无所不在的。[11]现在，不仅大自然的无偿赠予，包括历史、文化、知识、艺术创作以及技能和实践在内都可被侵占，其内容被占用、商品化并按一定价格交易，且交易价格完全独立于形成的价值。目前社会上有许多“春蚕吐丝”般免费的和未经异化的劳动，但一旦内容形成立刻就会出现侵占、利用、牟利以及交易行为。

科学知识等人类创造力的无偿馈赠以及“春蚕吐丝”式的劳动通过不同的方式进入资本循环。但马克思唯一感兴趣的是他所谓的“普遍知识”，具体说就是技术和科学知识如何嵌入固定生产资本，从而以机械自动化（在我们的时代则是通过机器人和人工智能）取代和剥夺劳动。它通过固定资本形式影响劳动生产率。[12] 马克思认为科学知识本身就是免费品。[13] 假定其他一切条件不变，技术变革对劳动的取代必然会缩小劳动的贡献，而劳动是价值生产的最活跃因素，由此我们就需考虑，当价值和剩余价值都在流通中减少甚至消失时会发生什么，即便实物商品的流通量因生产力的提高而大大增加。如果实物商品的生产不断扩大、价格越来越高，而价值却越来越小，剩余价值的社会化生产不断萎缩，那么两者间的差距就会不断扩大，在许多马克思主义者看来，这最终将导致资本主义的崩溃。

受罗伯特·库尔茨启发的德国价值理论派在宣扬这一观点时最为积极。但他们并不认为这样的崩溃近在眼前。[14] 该理论的支持者（从某种意义上说也包括马克思本人）看到这对矛盾的必然趋势就是经济增长停滞、利润下降以及价值和剩余价值生产与实现的萎缩，因为资本主义总是会不断追求节省劳动力的创新。

一个明显的补救办法是开辟新的生产领域，这些新生产活动也是劳动密集型的，因而能弥补制造业和传统价值生产部门的失业。例如，近年来发展迅猛的物流、运输和食品加工业（与旅游业发展有关）就需要大量的劳动力。劳动越来越被吸入各类新型生产，从长期基础设施建设到配眼镜（配眼镜是即刻型消费，符合资本主义零循环时间的理想状态）。一些由机器人和自动化释放的工业劳动力通过这种方式被吸纳到新的产业中。失业和就业实现了无缝对接，但有一个共识是：现在劳动品质日益恶化，造成劳动力的普遍异化。

另一种选择是增加资本主义生产的免费输入品的流通并防止对它们的侵占或从中榨取垄断租金。有趣的是，马克思认为可以通过减少租金和税收来抵消利润率的下降。[15] 同样耐人寻味的是，当今最有活力的企业，包括谷歌和脸谱网以及其他高科技公司，其迅猛发展在很大程度上是源于免费劳动的支持。另外重要的一点情况是，依靠“春蚕吐丝”般非异化和创造性劳动的所谓的文化产业近年来也越来越接近资本主义组织及其生产方式并迅速扩大。

资本主义体系内的许多东西都是由定价市场的活动所驱动的，尽管市场活动与价值生产没有直接关系，只是通过创造使用价值促进了剩余价值的生产。这使得许多活动和交易都发生在价值生产和循环之外，尽管这些活动和交易与使用价值的生产有关。例如，旅游业的交易内容是大自然的免费馈赠以及历史文化和自然景观，这些内容并不是资本主义生产所创造的，因此也不含有价值和剩余价值。但会有一些模糊地带，因为商品化的历史、文化和自然景观的保存以及管理需要投入一定的劳动力，因此旅游产品往往是免费馈赠和商品价值的混合。这种劳动也可按照资本主义的方式来组织，因此也产生了价值和剩余价值。不可否认，旅游业生产过程中的许多使用价值都是免费品（例如阳光灿烂的海滩或文化遗产），即便其没有价值，依然会向消费者收取价格（除非是像迪士尼乐园那样纯粹是人造的历史、文化和传统）。如果历史文物能有价格，那么这价格基本上是垄断租金的高价。[16] 如果想让这些历史文物继续作为公共品存在，那就必须保证不被私人占有或侵占。历史、文化和自然的免费赠予一旦落入私人手中，所有者就可以对前来感受这些历史文物和自然景观的人收取参观费，当我们买票进入一间古老教堂或参观一座历史悠久的纪念碑时，我们就是在经历这样的事情。虽然收费的理由可能是维护和管理，但价格可能远远超过维护管理的成本，因为这是在给其所有者赚取垄断租金。在所有这些领域中都存在着现实而激烈的斗争——到底什么应该归属于公共品，什么可以被私人占有来赚取垄断租金。

生产过程中对知识的处理实质上与旅游业对历史、文化和习俗的利用没有区别。如马克思所言，科技创新本身也开始按资本主义方式组织，尽管科技知识与历史、文化和土地一样具有全球公共品的属性，因此科技知识从本质上说应是免费品。但在实践中，知识会通过专利、许可以及知识产权等手段获得价格。

劳动隶属于资本的表象和实质存在巨大的差异。[17]马克思做出区分的目的在于分清两种不同劳动的性质，即在劳动者掌控下的劳动过程以及由资本设计和控制的劳动过程。在手工业时期，资本主义通常把传统手工业者聚集在一起，然后通过协作生产和劳动分工组织生产，例如生产沙发。在这种制度下，剩余价值的主要来源就是绝对剩余价值，即超出了劳动力再生产所需社会必要劳动时间以外的劳动时间。资本控制了产品和价值，但并不控制劳动过程。工厂制度与之相反，在工厂制下，资本不仅控制了劳动过程，有时甚至是在资本的支配下让劳动者的活动完全屈从于外部力量。通过提高工资商品（劳动力再生产所需的商品）生产率来获得相对剩余价值成为主流。虽然绝对剩余价值仍然是基础，但依靠科技的相对剩余价值生产成为资本发展的驱动力。当然情况并非总是如此，例如在数字化劳动时代，现在的数字化劳动实践跟 18 世纪末英国工业纺织初期的家庭包工制极为相似。在 19 世纪的大部分时间里，巴黎的工业体系也采用了这样的家庭包工制。左拉的《小酒馆》对这种 19 世纪巴黎流行的劳动制度有细致的描绘。日本汽车工业的成功在很大程度上要归功于其独特的转包做法，即将许多零部件的生产外包给小型的工厂和作坊生产。表象和实质之别如同绝对与相对之分，也是辩证的概念，而非目的论。

随着价值和货币表现形式之间的差距不断扩大，人们很容易把后者看作资本的本质，而将资本重新定义为运动中的货币而不是运动中的价值。这种重新定义让人们越来越把重点放在从产权到文化的投机市场、知识和创业以及普遍存在的资产投机上，这些都成为当代资本主义的特征。因此现在就有一种观点，认为我们正在进入一个资本主义新阶段，在这个新阶段知识是最重要的，通过知识创造以及节省劳动力的创新（如自动化和人工智能），美好的技术乌托邦指日可待，而像保罗·马森这样的人甚至认为人类已经实现技术乌托邦。[18]或许硅谷的技术乌托邦已经实现，[19]但孟加拉国那些正在挣扎的工厂和印度农村的高自杀率则显示着截然不同的景象。在印度，小额信贷网正酝酿着各种各样的次贷危机。近期许多资产市场上烈火烹油般的投机和暴利（尤其是住房、土地和不动产）无疑重新分配了价值，但它本身并不支持价值创造，充其量只是货币收益的一部分被用于资本生产或制造充分的有效需求，推动价值的实现。

我们在此遇到了资本的“第二大矛盾”。第一个矛盾是：资本会不断追求相对剩余价值，因而会努力寻求节省劳动力的技术进步，如果其技术变革成功，那么就会减少可从中榨取价值和剩余价值的劳动。第二个矛盾是：资本有潜在的倾向寻求货币利润的最大化，因此资本会不断被吸引到不产生任何价值或剩余价值的投资领域。从极端情况看，这两个矛盾都能让资本再生产走向崩溃。如果两个矛盾结合起来——当代证据也表明，这两种趋势是并存的——可能导致灾难性的后果。

典型的新古典主义对这两个矛盾的反应（包括一些传统马克思主义者）则是，如果一切都是货币和定价政治的问题，那么为何不彻底放弃价值这一概念（这是新古典主义的立场）？或为什么不搞一个货币理论价值（一些马克思主义者的提议）来应对我们所碰到的理论困境？[20]但如果这样做，就会难以解释为何当代资本主义会出现普遍增长停滞的状况，同时也无从理解反价值对于价值循环的重要性。这样的做法可能会让马克思修正主义者和新古典经济学家得逞，他们可以宽慰大家说，只要把全球资本主义放在完美运行和有效监管的定价市场中，一切全球资本主义问题都会迎刃而解。对于那些公开拥抱资本货币理论的马克思主义者也是如此（例如资本被定义为运动中的货币而非运动中的价值，或将资本庸俗化地理解成任何可以赚更多钱的钱，而不论赚钱方式）。忽略货币和价值之间的矛盾其实是放弃了一条重要的理解当代资本积累困境的思路，尽管这条思路确实很复杂。只有认同货币与价值的矛盾，才能对当前日渐依赖大数据的分析提出批判，因为这种定量分析并未认识到，大部分的实证数据都是货币衡量，而货币衡量可能与其所代表的非物质社会关系存在巨大差别，甚至南辕北辙。更不要说还有货币是如何被创造的，以及货币在价值分配环节被侵占等问题。当美联储和欧洲央行采取量化宽松时，它们是在缺乏价值的情况下凭空创造货币。当货币作为生息资本流通时，它的作用是反价值，而这种反价值必须被未来的价值和剩余价值生产所补偿。但是当发行的货币涌入房地产、股票和艺术品等资产市场时，反价值就失去了补偿的机会，同时超级富豪则从投机中大获其利。因此就有一个强大的动机来创造更多的反价值以替换早先出现的反价值。其结果不仅是价值生产的长期停滞，更是创造了一个庞氏资本主义，这就是近期我们正在走的无休止货币扩张的危险道路。如果我们接受一个纯粹的资本货币理论，那么很难形成库尔茨与其同道所希望的对当代资本主义的深刻批判。我们会因此丧失解决矛盾的力量，货币财富日益集中在少数人手里，而必然的代价就是牺牲其他无力支付的人的需求和欲望。大众的需求和欲望依然得不到满足，而富人则把毕加索画作价格越抬越高。

第六章

技术问题

MARX,

CAPITAL AND THE MADNESS OF ECONOMIC REASON

技术问题是理解资本运动趋势的基础。马克思对此问题有着尖锐和深刻的见解。这并不是说他的分析是完美的或不可挑战的。《资本论》第一卷始终都在说技术与科学是重要的变量，但在第二卷中马克思却假设技术条件保持不变。在第三卷中，他谈到了技术变化对利润和租金的某些影响，同时也零星论述了金融和货币流通的某些技术和组织特征。马克思在《资本论》中关注的重点是科技对于资本增值和商品生产的作用。在《政治经济学批判大纲》中，他采取了更加宏大的视角并就技术发表了许多激进甚至带有揣测和预见性的评论。但在他的作品中，马克思并未对价值实现和流通环节的技术（除了运输）或社会再生产（包括劳动力的再生产）的技术进行详尽分析，此外，马克思也未对价值分配环节的技术进行系统化论述，结果是马克思对技术和组织变革的观点只集中于一个方面。

马克思采取这样的立场是有充分理由的。技术和组织变革贯穿人类社会历史且无处不在，技术和组织变革有着各种原因并对各类活动产生影响。有时人类的技术和组织创造力似乎是无限的，一些新的技术和组织形式会延续，但另一些却会消失。古代中国有着卓越的技术和组织创新，但无论是技术还是组织创新都未能扩散或延续。只有在资本主义制度下，才出现了推动技术和组织持续创新的动力。马克思认为，这种力量始终伴随资本增值是有其特殊原因的，它是在资本主义对相对剩余价值的永恒求索中塑造的。[1]

资本家之间互相竞争，以社会平均价格出售商品。那些在生产中拥有技术或组织优势的资本家可获得超额利润，因为他们以较低的生产成本生产产品，同时可以按社会平均价格销售。相反，那些技术含量低或组织形式差的资本家的利润会减少或出现亏损，直到关门大吉或被迫采用新的方法。拥有优势的生产者会有动机采取更好的方法来保持其市场份额和超额利润。竞争越是激烈，越有可能出现跨越式创新，因为一家公司领先后，其他公司会奋力追赶或至少超越技术和组织的社会平均水平。在资本增值过程中，塑造劳动过程的力量也会不断推升劳动生产率。由于劳动生产率上升，单个商品的价值会下降。如果工资商品变得更便宜，那么劳动力价值（假设固定的生活水平）就会下降，资本所占有的剩余价值就会增加。所有资本家在生产工资商品时都注意提高劳动生产率，由此获得更高的利润。相对剩余价值的增加有时与劳动力生活水平提升相伴而生。这一切都取决于生产率增长的程度，以及增长后的生产如何在资本和劳动力之间分配。相对剩余价值的一小部分会返回给劳动者，因此劳动者能够获得更多的使用价值，而大部分则归给资本。这也取决于阶级斗争的状况（工会在谈判劳资合同时会很关心劳动生产率分享条款）。生产相对剩余价值是生产技术创新和组织变革的不竭动力。

对于资本家来说，机器似乎才是超额剩余价值的来源。资本家由此推断说，机器是价值的源泉。马克思对此明确反对。机器是死的或不变的资本，因此机器不能自我生产任何东西。机器价值的一部分被转移到商品价值中，但它是作为固定资本来进行的（也就是说，在使用过程中不会改变其价值）。活的劳动（而不是过去的劳动）是剩余价值的唯一来源。机器只是帮助提高劳动生产率，因此即使单个商品价值下降，总价值依然保持不变。结果是一个悖论：机器与劳动结合可以为资本家创造更多的剩余价值，尽管价值生产保持不变。大多数资本家认为机器产生价值，他们倾向于按此信念行事。马克思认为这是一种恋物癖观点。技术的拜物教倾向是普遍的，这也导致了严重的后果。例如，它导致人们普遍认为，任何社会或经济问题都有一个技术解决方案。

在这场争论中的假设条件是：竞争是公平和充分的。但如果情况不是如此会怎样呢？毕竟资本家喜欢垄断或寡头垄断而不是其所谓的“毁灭性”竞争。技术革新的驱动力会被垄断削弱，但它是变形而不是消失。通过减少工资商品价值来减少劳动力价值，进而实现相对剩余价值的社会形式依然存在。这有时是借助政治手段来完成的。

马克思提供了一个例子来说明情况。在 19 世纪，英国工业资本家将工资水平与面包价格相关联。他们（与工人们联合起来）反对代表地主阶级的农业利益，主张取消进口小麦的关税以降低面包的价格。这些资本家的目标不是提高劳动者的生活水平（尽管他们为了获得工人的支持常常声称是这样），而是为了降低工资并增加相对剩余价值。只要自由贸易有利于他们，他们就会鼓吹自由贸易的好处。[2]美国的当代情况是相似的。如果劳动力的价值是按照耐克鞋和盖璞衬衫的价格来计算，那么这些产品的自由贸易对于所有资本家来说都是福音。沃尔玛超市内外国进口商品的低廉价格使得美国所有资本家的劳动力价值下降，从而提高了利润率。问题是，美国国内制造鞋帽服装的产业工人成了牺牲品，尽管其他部门的资本都从进口的廉价服装、廉价食品以及廉价日用品中获得了好处。

除了竞争压力之外，还有其他采用新技术的动力。许多创新都是为了削弱劳动者在市场以及在劳动过程中的地位。用技术来替代熟练工人或者通过技术推广来消除技能垄断（某些工作可以由妇女和儿童来完成，或如管理大师弗雷德里克·泰勒所言，用一个受过训练的大猩猩来替代人工）是资方在阶级斗争中的重要武器。“但机器不仅是一个极强大的竞争者，随时可以使雇佣工人过剩。它还被资本公开地有意识地宣布为一种和工人敌对的力量并加以利用。

机器成了镇压工人反抗资本专制的周期性暴动和罢工等等的最强有力的武器。”[3]技术所导致的失业可帮助形成产业后备军，这也是为何资本会关注节省劳力的技术革新。创新可提高效率并有利于协调，同时加速生产和流通周转时间，由此生产出更多的剩余价值。因为需要不断扩大生产以适应资本无限积累的要求，所以资本就有强大的动力扩大现有产品的市场，无论是通过降低产品价格还是新设产品线和工业部门（如在过去几十年蓬勃发展的电子产业）。产品创新和新技术发展相互推进。即使在垄断和寡头垄断条件下，这些激励依然存在。但在大部分情况下，这些激励集中于增值环节。总的结果是：无论竞争与垄断的程度如何，都能保证资本主义制度下持续不断出现革命性的技术和组织变革。当竞争的减弱导致经济活力下降，那么促进竞争机会就会成为关注焦点甚至是公共政策目标。20世纪70年代主要资本主义国家出现的滞胀问题的最后解决，在一定程度上是依赖于世界贸易的全球自由化变革。

马克思对技术变革的分析可能是高度集中在增值过程对劳动生产率的影响，但他在研究问题时有着宏大的视野。

例如他认识到，除了硬件之外，软件和组织形式也很重要。计算机和移动电话既需要电信网络也需要操作程序和应用程序才能发挥作用。在一个没有信号的地方，手机上所有的高级功能都会变成零。组织形式（如现代资本主义企业、通信网络以及研究机构和高校）跟硬件（计算机生产线）和软件（程序设计、应用、优化调度和实时管理系统）同样重要。虽然硬件、软件、组织形式存在重大区别，但我们必须认识其内在关系。汽车设计当然有其自身的演变历史，但如果彻底忽略亨利·福特所发明的流水线，那显然这样的汽车设计史是不完整的。同样，要写计算机的历史就必须提到微软以及互联网的经济和政治影响。

尽管其直接论述可能相对狭隘，但马克思对技术的分析是有宏大眼光的，他始终关注技术在资本演化路径中的作用。马克思在《资本论》的一个脚注中说，技术体现了人与自然相处的模式、人赖以生存的生产过程，并揭露了人所处的社会关系形成的模式及其心理概念。[4] 当然，这里的体现和揭露并没有“决定”的意思。

马克思并不是“技术决定论者”。马克思的许多批评者和支持者都认为，马克思认为生产力变化是历史变革的主要动力这一论点是不正确的。诚然，技术变动和资本主义生产关系中的矛盾确实在资本历史上发挥了推动变革的作用，但它并不是资本历史中的唯一矛盾。[5]同理，可能一切历史都是阶级斗争史，但阶级斗争不是推动历史发展的唯一因素。许多马克思的俏皮话对这类话题有误导作用。应该结合马克思的实质论述来弄清楚这些话背后的真正含义。例如，他为何在撰写《资本论》第二卷时会假设没有任何技术变动且没有提到阶级斗争？第二卷的内容应该跟资本的进化有关吗？如果机械地考虑到底是生产力还是社会关系是资本主义发展的原动力，这样的考虑方法可能没有抓住要点。它没有把马克思对技术的研究放置在资本主义社会构建的整体语境中。此外，这样的想法还有些牵强地假定，资本主义发展必须要有一个原动力。

在《资本论》第一卷中，马克思提醒考虑上面所列出的不同要素（为完整起见，我添加了《资本论》第一卷第二章中所描述的那种制度安排）是如何相互影响和关联的。例如，我们的心理概念依赖于我们观察、测量和校准的能力，现在我们有了望远镜和显微镜、X射线和计算机轴向断层成像扫描仪（CAT）等来帮助我们了解宇宙和人体的奥秘。但需要想想，为什么会有某人在某时某处想到了望远镜或显微镜之类的东西，然后又有人用透镜磨床和金属加工设备来制造，同时还有人愿意使用这些新玩意（经常要冒着对抗和反对的风险）。其结果是：通过这些新工具，我们发明了新的观察方式并形成了关于自然世界以及我们在自然世界中的地位的新观念。正如诗人威廉·布莱克所说："现在证明了曾经的幻想。"

全部七个要素——技术、与自然界的关系、社会关系、物质生产模式、日常生活、心理观念和制度框架——都与资本主义的整体性发生着联系且处在资本不断循环推动的持续变革过程中，而资本持续循环则是资本整体性的动力。这七个要素的发展都相互独立但又相互重叠和关联，可以影响资本主义整体性的方向。同理，任何一个要素的僵化或固定都会阻碍在别处发生的过程转变。正如我们早些时候看到的那样，货币形式的技术创新如果没有相应最低限度的社会关系、心理概念或制度安排上的转变配合，那么这种创新将于事无补。新技术（如互联网和社会媒体）许诺了乌托邦式的社会主义未来，但在没有其他要素变化的情况下，新技术却被资本纳入了新的资本剥削和资本积累模式。同样，某要素的自主变化也可能会推动其他方面的巨大变化。例如，艾滋病和埃博拉等新的病毒感染突然暴发，那么就要在所有七个要素上做出迅速调整来控制疫情。应对气候变化的困难在于，需要资本主义社会在所有七个要素上都进行大刀阔斧的改变。现在有些人否认问题的存在（心理概念），或天真地认为不需要调整任何其他要素（例如主导社会关系和日常生活）就有“单一子弹”式的技术解决方案（绿色资本主义），这些想法都注定要失败。

在社会科学中，大多数人都青睐某些关于社会改变的单一子弹式的理论：制度学派支持制度创新，经济决定论者支持生产新技术的采用，社会主义者和无政府主义者赞成阶级斗争，理想主义者强调改变心理和观念，而文化理论家则关注日常生活中的调整，等等。马克思不能也不应被视为一个单一子弹式的理论家，尽管他的许多反对者认为马克思就是这样的。《资本论》第一卷尤其不能被这样看，尽管他在文中极力强调了技术变化和发展的影响。在马克思的研究中，没有一个原动力，而是各种不同要素经常交织并常常以矛盾的运动方式推动社会的发展，这才是必须加以揭示和解决的问题。

这并不意味着在某些地方和时间，这七个要素中的某个或若干个不会发挥主导作用来摧毁现有的架构或顽固地抵制变化。所以当我们谈到技术革命、文化革命、政治革命、观念革命、信息革命或所有这些领域的反革命时，我们必须承认资本是一个历史整体，通常会通过不同要素不断发展演进。马克思当然希望看到某种形式的社会主义或共产主义革命（在谈到向共产主义的必然演进时还时常有某种目的论的看法），但他从来未指明这七个要素的结构会带来什么变化。苏联共产主义的失败很大程度上归因于忽视了七个要素的相互作用，而是采取了通过生产力革命来走向共产主义的单一子弹式做法。

马克思在更详细的历史研究以及在《资本论》中说明这一切的偶然性。革命不是一场政治运动或一个破坏性的事件，如布尔什维克攻打冬宫，而是一个不同要素不断变化的过程。按照马克思的说法，资本具有内在的革命性，因为它是持续增长和技术创新条件下运动的价值。资本增值技术的不断革新对其他方面也产生了深远影响。但新自由主义革命不仅是大众心理观念上的革命，也是制度创新和技术革命。[6]与之相对，主动的革命变化则是对所有要素的全部现有运动的重新定义和定向。人们可能会改变他们的思想观念，但如果只是转变观念而不改变社会关系、日常生活、与自然的关系、生产方式和制度结构，那这种观念转变就没有意义。

如果组织形式和运作方式跟硬件和软件一样重要，如果把社会关系与知识、技能和思维模式嵌入硬件是不可避免的，那么有关技术的意义以及技术对社会生活、自然关系和社会关系的影响就会变得更加复杂和分散。窃以为，这是马克思在第一卷第十五章中脚注的主要观点。但即便把与狭隘还原论（在硬件技术上也有还原论）紧密联系的言之凿凿的论调排除在外，仍然有一个很大的缺点，那就是我们必须面对一个与其他一切事物相关联的复杂世界。因此人们才会想着去确定一个原动力，但这种想法是必须抵制的。也同样因此，人们才会幻想将技术变革视为唯一的原动力并认为技术可以解决所有社会弊端。

由于这一切与马克思的支持者和反对者常常宣扬的马克思观点有些不同，在此我需要提供一些证据。其实《资本论》第一卷的结构和论点是最好的说明。如果没有某些预先存在的条件，资本就不会产生。商品交换、适当的货币制度、劳动力市场、最低限度的制度安排（如法人、法律和私有财产）以及能够吸收所生产商品的消费品市场，这些都是最基本的资本出现的条件（见资本循环示意图）。同样必要的还有：劳动者的生产能力和技能必须达到一定水平并存在基本的生产资料（如土地、工具和其他劳动工具以及运输等基础设施）。马克思认识到，劳动的初始生产率取决于自然禀赋（土地肥力以及瀑布、矿产资源，生长繁衍的动植物等自然免费馈赠）以及不同民族的文化、历史和积淀（技能积累、知识、思想观念、习俗性社会关系、守时习性等）。自然和人性的无偿馈赠是资本积累真正开始的基础。即使资本开始越来越多地占有这些无偿馈赠，使之私有化并从中榨取租金（例如给没有价值的知识标价），这些无偿馈赠的重要性依然很大。

如果仔细阅读《资本论》第一卷就会发现，马克思实际上是在不断重申这些观点。在第一卷的第八部分，马克思说，这些前提条件中有许多是通过原始积累过程形成的。然而对资本而言，其关键在于通过商品的系统化生产从产品的生产（某些产品会在市场上交易）转为剩余价值的生产。后者是直接生产者的唯一目的，这样的生产者被定义为资本家。

资本会接管现有的条件和过程并将其转化为适合资本主义生产方式要求的东西。资本对技术也是如此。它继承了古代的合作方法（例如建设埃及金字塔表现出来的协作），然后用特定的组织形式集合起来，这种生产组织方式适合于资产阶级的再生产，并让资产阶级占有通过合作和不断增加的规模经济而产生的全部生产收益。这样，劳动过程中的劳资社会关系就发生了转变（其中还有普通工人和管理员之间的关系）（见第一卷第十三章）。它同样继承了以前就存在的劳动分工，将其变成资本主义方式下的计划劳动分工和通过市场信号协调的社会分工。它在劳动过程中创造了新的层级并让劳资双方都遵循资本生产规律和市场竞争规律（见第一卷第十四章）。它通过生产规模化大大促进了古代技术的革新并将不同行业组织在资本的支配下。它将现有的劳动分工不断细化到专业部门并构成一个更大的整体。最后，它通过建立工厂实现了资本对劳动过程本身的控制。马克思将此描述为一个从表面（通过市场机制协调）到实质（直接在资本控制下）的劳动被资本支配的过程。[7]通过寻找外部动能和超越工人体力的劳动，技术是在纯粹资本主义基础上组织起来的。技术发展的最高点就是通过机器生产机器（马克思表现出惊人的洞察力，因为只有在人工智能发展到一定程度时才实现了这一点）。注意，适应资本主义生产方式的生产力架构出现在此序列的末尾，因此根据马克思有关生产力架构的描述，很难看到生产力是如何推动历史转型的。[8]它们其实都是历史的产物。马克思的主要观点之一，就是某一历史阶段的结果会成为未来另一个历史阶段的推动因素（这一点可能更适合于描述当前的技术和组织形式变化而不是18世纪的）。

但在研究这些转变的过程中，马克思也认真描述了这场革命运动成功完成所需的其他转变。例如马克思认为，生产曾一度被视为神秘的艺术，只有通过学徒方式才能习得，但现在生产必须成为一门科学，再结合资本主义对劳动过程的控制，实际上把技术变成了资本特有的活动领域。[9] 在资本主义之前的社会也有技艺，但资本主义技术无法忍受神秘，技术就是要剖析自然并控制自然。这不仅需要在心态上改变对生产的态度，对自然的态度也要转变，即把自然视为供人类统治和利用的一个物化对象（而不是鲜活的），在这一点上马克思引述了笛卡儿的说法。[10] 同时，劳动者成了“碎片化的人”，人被锁定为机器支配下的劳动分工的某一特定功能，而不是自我掌控其劳动过程的完整的人。[11] 正如我们所看到的，工厂的组织形式和工厂制度是作坊式生产的突变。后者的破坏性及其向工厂劳动的转变也改变了社会关系的性质，例如在妇女和儿童就业方面以及工人阶级家庭生活和劳作的重新安排。一个更新和更高级的家庭模式开始成型。[12] 由于劳动的灵活性和流动性要求，大工业还使下面这一点成为生死攸关的问题：“用适应于不断变动的劳动需求而可以随意支配的人员，来代替那些适应于资本的不断变动的剥削需要而处于后备状态的、可供支配的、大量的贫穷工人人口；用那种把不同社会职能当作互相交替的活动方式的全面发展的个人，来代替只是承担一种社会局部职能的局部个人。”[13] 国家监管对于工作日长度和工厂规范变得重要，而国家也有责任推行义务教育以确保劳动力队伍能识字并有能力适应不断变化的资本主义劳动过程。所有这些转变都在《资本论》第一卷第十五章有论述。

马克思还论述了具体过程：

> 一个工业部门生产方式的变革，必定引起其他部门生产方式的变革……因此，有了机器纺纱，就必须有机器织布，而这二者又使漂白业、印花业和染色业必须进行力学和化学革命。同样，另一方面，棉纺业的革命又引起分离棉花纤维和棉籽的轧棉机的发明，由于这一发明，棉花生产才有可能按目前所需要的巨大规模进行。但是，工农业生产方式的革命，尤其使社会生产过程的一般条件即交通运输工具的革命成为

> 必要……交通运输业是逐渐地靠内河轮船、铁路、远洋轮船和电报的体系而适应了大工业的生产方式。[14]

但另一方面，“大工业必须掌握它特有的生产资料，即机器本身，必须用机器来生产机器。这样，大工业才建立起与自己相适应的技术基础，才得以自立”。[15] 这是马克思在《资本论》中触及外部性效应的一点，他认为正是这种效应使得工业革命得以完成。

最后，也许也是最重要的一点，技术本身成为商业。[16] 蒸汽机发明之后就可应用在各个不同领域，包括交通运输、采矿、耕种、锻造以及现代化工厂。在当今时代，可与蒸汽机相类比的就是计算机的无数具体应用。一旦技术成为一种业务，技术就产生商品——新技术或组织形式——新商品也需要甚至创造新的市场。

在此讨论的不再是单个资本家为了提高效率而在其自己的特定生产企业发明或创新，而是一个庞大的产业部门专注于创新并将创新成果卖给所有其他人（如生产者和消费者）。街角的杂货店或五金店最后也不得不主动或被迫

（由税务机关下令）采取新的设备来管理库存、跟踪销售以及完成采购和纳税。这种技术成本负担可能会让小商铺倒闭，同时有利于大型超市和打折销售中心，由此推动资本的日益集中。这些创新成果的应用程度取决于其制约或剥夺人力劳动、提高劳动生产率和改善效率以及在加快生产和流通资本周转速度方面的表现。整个资本主义对技术变革和经济发展都充满了迷恋。因此现在有人认为技术方案和科技创新可以解决所有社会问题，这种迷信有着深刻的思想根源，即认为技术是推动资本主义发展的原动力。这种技术迷信也不断被资本的不同部门培养：有人将科技创新变成大的咨询公司来为改善管理出谋划策；制药公司发明出针对不存在的疾病的药物；计算机专家坚持发明只有少数人才懂得操控的自动化系统。这些都是技术崇拜的表现。资本主义企业家和企业进行创新并不是因为他们想要创新，而是因为他们必须这样做才能获得或保住市场份额并确保其作为资本家的再生产。

或许有人不同意马克思的完整概念叙述，但马克思关于技术拜物教起源的论据是绝对有说服力的。技术拜物教并不纯粹是想象的，而是有着非常现实的基础。生产率似乎是资本主义增长和稳定的全部意义和最终意义，因为利润率也是由生产率决定的。当格林斯潘将生产率问题视为美国资本主义的核心问题，他并不是在空想。正如我们从最近资本市场的动荡所看到的，危险在于让生产率扮演一个它根本无法单独完成的角色。生产率的不断提升反而造成了如今市场的不稳定和动荡。当然，如果生产率跟不上，那也会给资本螺旋式的无限积累造成严重问题。[17] 因此，希望通过技术方案来解决目前的经济动荡困境不仅是完全错误的，也是一种迷信的表现。真正的答案应该是改革社会和政治关系、思想观念、生产制度以及其他所有社会发展因素，这些改革应与技术和组织变革齐头并进以实现特定的社会目的。

这并不意味着技术进化的整体推力是任意和随机的。对技术修复方案的迷信也暗含一种自然主义观点，即认为技术进步是必然的，也是正面的，因此我们不能甚至不应试图去完全地控制、调整或限制它的发展方向。正是人类的这种恋物构造特征（迷信）让社会行动屈从于技术神话。

虽然这些信念可能有物质基础，但它们很快摆脱了物质限制，一旦运用于实践就会产生明显的物质后果。

例如资本增值的问题。资本对劳动过程的控制对于增值来说至关重要。在此过程中，资本始终幻想将工人变成资本流动的附属品。许多工业创新者都将此视为首要目标。工业时代法国实业家就公开宣称，在机床上的技术革新有三大目标：提高精度、提高生产率和替代工人。[18]工厂制、泰勒主义、自动化、机器人以及最终用人工智能替代活劳动的设想本质上都是这一愿望的反映。机器人不会抱怨（除了在科幻小说里）、不会顶撞、不会诉讼、不会生病、不会疲惫、不会分心、不会罢工、不会要求加薪、不会担心工作条件、不会要求茶歇，也不会旷工。[19]资本始终幻想完全掌控劳动者或最终用技术替换掉所有活劳动，这种想法根植于不顾一切提高生产率的冲动。

在劳动力市场，技术诱发的失业削弱了劳动力讨价还价的能力。技能降低和劳动过程家庭化消除了不可复制的劳动技能的垄断权力。约翰·密尔认为，人类所有的机械发明是否真的减轻了人们的辛劳，是值得怀疑的。但马克思认为这个问题的答案显然是否定的，因为机械的目的是为了从劳动中榨取更多的利润而不是要减轻劳动者的负担。[20] 有时资本家也会觉得想要通过机械技术完全掌控劳动力有些过于乐观，所以他们开始研究合作组织方式、协作、放权自治、质量控制圈、柔性专业化等手法。资本可以接管任何劳动者自己提出的组织形式，然后将之变成生产剩余价值的资本主义方式。梦想转眼成噩梦。就像《科学怪人》中的主人公研究出了难以控制的巨人，《2001 太空漫游》中的智能电脑形成了自我意志，《银翼杀手》中的复制人开始寻求自身权利的力量和延续。反价值的黑暗力量从阴影中升起，开始挑战劳动控制。

如果活劳动是价值和利润的源泉，那么用死劳动或机械劳动代替活劳动在政治上和经济上都毫无意义。在马克思看来，这是资本主义的一个核心矛盾。它破坏了资本主义平衡增长的路径。但马克思在《政治经济学批判大纲》中也指出，这也带来了意想不到的后果：

> 随着大工业的发展，现实财富的创造较少地取决

于劳动时间和已耗费的劳动量，较多地取决于在劳动时间内所运用的动因的力量，而这种动因自身——它们的巨大效率——又和生产它们所花费的直接劳动时间不成比例，相反地却取决于一般的科学水平和技术进步，或者说取决于科学在生产上的应用（这种科学，特别是自然科学以及和它有关的其他一切科学的发展，又和物质生产的发展相适应）。……工人把由他改变为工业过程的自然过程作为媒介放在自己和被他支配的无机自然界之间。工人不再是生产过程的主要当事者，而是站在生产过程的旁边。在这个转变中，表现为生产和财富的宏大基石的，既不是人本身完成的直接劳动，也不是人从事劳动的时间，而是对人本身的一般生产力的占有，是人对自然界的了解和通过人作为社会体的存在来对自然界的统治，总之，是社会个人的发展。现今财富的基础是盗窃他人的劳动时间，这同新发展起来的由大工业本身创造的基础相比，显得太可怜了。一旦直接形式的劳动不再是财富的巨大源泉，劳动时间就不再是，而且必然不再是财富的尺度，因

> 而交换价值也不再是使用价值的尺度。群众的剩余劳动不再是发展一般财富的条件，同样，少数人的非劳动不再是发展人类头脑的一般能力的条件。于是，以交换价值为基础的生产便会崩溃……资本本身是处于过程中的矛盾，因为它竭力把劳动时间缩减到最低限度，另一方面又使劳动时间成为财富的唯一尺度和源泉。……一方面，资本调动科学和自然界的一切力量，同样也调动社会结合和社会交往的力量，以便使财富的创造不取决于（相对地）耗费在这种创造上的劳动时间。另一方面，资本想用劳动时间去衡量这样造出来的巨大的社会力量，并把这些力量限制在为了把已经创造的价值作为价值来保存所需要的限度之内……[21]

这是资本发展过程中的核心矛盾，对资本主义社会有着深远的影响。

一旦技术成为商业，就会像任何商业那样不断扩大其业务、开拓新的市场并吸引生息资本投资，在社会整体劳动分工中维持和增强其作为价值和剩余价值创造的存在。

当马克思撰写《资本论》时，这项业务正处于初期形成阶段。但他清楚地意识到，机床和机械工程行业（以蒸汽机为代表）注定会通过创造通用科技在技术部门发挥强大作用。马克思在《资本论》第一卷重点分析了资本的增值过程，但他并未深入地探索价值实现和消费环节以及围绕社会再生产（包括劳动力的再生产）的新技术和新组织形式。目前美国普通家庭中所运用的科技远远超出了马克思所能想象的范围。马克思也未能调查复杂资本分配领域的技术细节（尽管他指出了股份公司等新工业组织形式以及世界银行和金融体系的重要性，此外也提到了信用制度中不断发展的反价值创造）。马克思对物理基础设施的转变也着墨不多，尽管他在书中提到了运河、轮船、铁路、电报、煤气照明以及水供应和污水处理。马克思基本上没有提及在国家管理、公共卫生和教育以及军事技术方面的创新。军事领域长期以来都是重要的科技创新重地，无论是新产品和组织的开发还是新型软硬件的发明。军事化的监控和控制技术以及巡视和监管做法越来越普遍。作为一门商业类别，技术无孔不入，而马克思也未能一一穷尽。技术几乎是以超常的热忱侵占了上述所有领域。

马克思的著述给人留下的通常印象是：资本循环在生产环节通常会伴有技术组合的变化，某些变化还颇具突破性，但资本循环在价值实现、价值分配和再投资环节却不会遇到技术条件的变化。当然，事实上，资本循环的技术在各个环节都在发生巨大变化。问题在于：马克思的深刻见解和前瞻分析究竟能在多大程度上经受目前情况的考验，因为毕竟马克思的论述中存在明显的盲点。

在我看来，没有人会认为资本增值领域的技术变化无足轻重。鉴于马克思对资本的研究有这样的看法，即无论情况如何资本在技术条件上都是变化的，这是适合于马克思所处时代也适合于当代的普遍真理。技术和组织变革是内生的和必然的，而不是外生的和偶然的（尽管其他学派常常有这样的错误观点）。

马克思承认如下几个相互关联的事实。

首先，某个领域的创新对所有其他领域都有外溢效应，因此在整个资本主义体系的全过程中都有技术和组织创新扩散的冲动。

其次，当技术成为独立商业时，它不再是被动响应需求而是主动创新，然后再去寻找和开拓新市场。它不仅在生产者（通过生产性消费）领域创造新的需求和欲望，而且正如我们每天都看到的，创新也在创造最终消费者的新需求。技术创新蓬勃发展的基础就是技术拜物教，即认为技术方案可解决一切问题，同时，技术创新又反过来让技术拜物教更加风靡。

再次，马克思将这些技术变化与思想观念、社会关系、对自然界的关系、日常生活、商品生产、国家和社会制度安排相关联，这样的思维模式迫切需要进一步的阐释。正是从这个角度——窃以为这也是组织我们自己批判性思维的一个绝妙方法——可以对所有社会变革的单一子弹理论进行批判，包括经常被强加在马克思头上的单一子弹论。

最后，马克思对源自技术拜物教的错误思想和政治观点的批判值得关注。例如现在有观点认为，可以通过大数据挖掘来实现智慧城市管理，然后贫困、不平等、阶级和种族歧视以及剥夺式资本积累、财富窃取等一切城市病就会迎刃而解，这样的想法显然是极其天真的。这种想法如果不是反革命，至少也是违背现实生产的。它在政治活动和城市现实之间设置了一层拜物教迷雾，也无助于解决日常生活问题。

长期以来我们都相信，技术和组织发展是必然的。但最近这种技术进步观遭受了若干重大挫折，也日益受到反乌托邦想象（按照大众文化的流行说法）的挑战。马克思指出了一条走出乌托邦 / 反乌托邦二元框架的道路，也指出了解决新社会关系、新思想观念、新自然关系以及其他变革迫切要求的实用技术道路，这些都需要从目前的困境中走出来。必须要抛弃技术拜物教这一思想障碍，而马克思在这一点上的批判力度不亚于其他任何人。当然也必须承认，我们现在所处的时代，技术组合和变革的范围要远远超过人类历史上的任何时刻，但马克思主义的基本认识依然有效：所谓解放，就是要把生产力从社会和政治桎梏中释放出来，就是摆脱资本的支配以及日渐走向帝国主义和专制的资本主义国家机器的束缚。这项任务是始终明确的。

第七章

价值的空间和时间

M A R X ,

CAPITAL AND THE MADNESS OF ECONOMIC REASON

在《资本论》第一卷出版后不久，马克思在给路德维希·库格曼的信中写道："科学的任务正是在于阐明价值规律是如何实现的。"[1]这是典型的马克思的方法，即首先从物质环境中（如市场交易行为）提出和说明抽象规律，然后再从反方向探索所有可能性，看看是否能否定该规律。如果采用另外的方法，马克思写道："那就必须在科学之前把科学提供出来。"这也就是价值规律——目前为止依然是运动中的价值的抽象——如何在空间和时间中"自我确定"。

如果资本被定义为"运动中的价值"，那么就必须对这个运动发生的时空配置给出必要说明。运动不能在真空中发生，必须从一个抽象的价值运动视图转向具体，看看价值规律如何创造城市和交通网络，如何创造用以生产食品和原材料的农田，如何引导人流、物流和信息流的方向，如何确定土地价值和劳动技能的结构，如何组织劳动的空间以及治理和管制结构。我们也需要考虑在具体时空中积累的工人阶级传统、知识技能和社会关系（不仅仅是阶级关系），与此同时也承认具体时空中的人们的政治和社会斗争，这些斗争留下了记忆以及走向解放和非异化生活的希望。

马克思早就认识到，创造世界市场是资本固有的本性，这也会产生一种新的空间。马克思在《共产党宣言》中对此论点进行了阐述。商业资本家破坏了封建制度的静止力量。他们利用自己在空间上的优势，在一个地方低价买入，然后在另一个地方高价卖出，从而聚集起巨大的财富和权力。随着工业资本主义的兴起，“由于需要不断扩大产品的销路，资产阶级就不得不奔走全球各地。它不得不到处钻营，到处落户，到处建立联系。”于是：

> 一切国家的生产和消费都成为世界性的了……旧的民族工业部门被消灭了，并且每天都还在被消灭着。它们被新的工业部门排挤掉了，因为建立新的工业部门已经成为一切文明民族的生命攸关的问题；这些部

门拿来加工制造的，已经不是本地的原料，而是从地球上极其遥远的地区运来的原料；它们所出产的产品，已经不仅仅供本国内部消费，而且供世界各地消费了。旧的需要为新的需要所代替，旧的需要是用国货就能满足的，而新的需要却要靠非常遥远的国家和气候悬殊的地带的产品才能满足了。过去那种地方的和民族的闭关自守和自给自足状态已经消逝，现在代之而起的已经是各个民族各方面互相往来和各方面互相依赖了。

交通和通信方式的革命将所有国家都紧紧联系在一起。“商品的低廉价格，就是它用来摧毁一切万里长城、征服野蛮人最顽强的仇外心理的重炮。它迫使一切民族都在唯恐灭亡的慑惧之下采用资产阶级的生产方式……简短些说，它按照自己的形象，为自己创造出一个世界。”

这是令人惊叹的富有远见的描述，几乎预见了今天所谓的全球化。但这还不是全部。

资产阶级已经使乡村屈服于城市的统治。它创立了规模巨大的城市……资产阶级一天天地消灭生产资料、财产和人口等的分散状态。它使人口密集起来，使生产资料集中起来，使财产聚集在少数人的手里。由此必然产生的后果就是政治的集中。原先各自独立的、几乎只是由联盟关系联系起来的，各有其不同利益、不同法律、不同政府、不同税则的各个地区，现在已经结合成为一个拥有统一的政府、统一的法制、统一的民族阶级利益、统一的税关的民族了。[2]

这些发展导致德国和意大利在19世纪末成为统一国家，又在20世纪催生了欧盟、世界贸易组织和国际货币基金组织。

马克思在《政治经济学批判大纲》中表达了类似观点：

以资本为基础的生产，其条件是创造一个不断扩大的流通范围……创造世界市场的趋势已经直接包含在资本的概念本身中。任何界限都表现为必须克服的限制……生产相对剩余价值……要求生产出新的消费……第一，要求扩大现有的消费量；第二，要求把现有的消费推广到更大的范围，以便造成新的需要；

> 第三，要求生产出新的需要，发现和创造出新的使用价值……资本按照自己的这种趋势，既要克服民族界限和民族偏见，又要克服把自然神化的现象，克服流传下来的、在一定界限内闭关自守地满足于现有需要和重复旧生活方式的状况。资本破坏这一切并使之不断革命化，摧毁一切阻碍发展生产力、扩大需要、使生产多样化、利用和交换自然力量和精神力量的限制。[3]

价值规律把这种规则内化成世界市场并按资本自己的形象重塑生产和消费的地域。“只有对外贸易，只有市场发展为世界市场，才使货币发展为世界货币，抽象劳动发展为社会劳动。抽象财富、价值、货币从而抽象劳动的发展程度怎样，要看具体劳动发展为包括世界市场的各种不同劳动方式的总体的程度怎样……对外贸易和世界市场既是资本主义生产的前提，又是它的结果。”[4]

要想让这一切发生就必须要减少运动的物理障碍。在马克思时期，汽船和铁路、海港和港口建设以及运河和道路都有明显的发展。电报的发明使得布宜诺斯艾利斯、芝加哥和格但斯克的小麦收盘价格在第二天开始交易之前就能送到利物浦和伦敦的商品交易所。这些背后都是对物理基础设施的庞大投资，这些基础设施改变了地球的面貌并推动了商品和货币资本的空间流动。自马克思时代以来，此类创新和投资在资本技术史上占有举足轻重的地位。“资本一方面要力求摧毁交往即交换的一切地方限制，夺得整个地球作为它的市场，另一方面，它又力求用时间去消灭空间……资本越发展……资本同时也就越是力求在空间上更加扩大市场，力求用时间去更多地消灭空间。”[5]因此，资本的乌托邦式梦想是在一个无摩擦的世界空间内运行的（现在随着网络货币的出现已基本实现）。但这并没有使得地理差异无足轻重，反而使得地理差异的重要性更加突出，因为现在货币资本可以无成本地在全球范围内流动，由此利用生产条件的微小差异来产生超额利润。全世界的劳动人口现在都在相互竞争。由货币资本过度流动所锻造的一个世界性劳动力市场正变成现实。显然，国际贸易有形障碍的减少也必须伴随着社会、政治和文化障碍的减少，因此尽管面临公共抵制，自由贸易的意识形态和政治的霸权依然存在。

资本的循环和积累发生在一个特定的空间和时间内，尽管资本在运动的同时又确定或重新定义了时空。马克思对这种传统封闭生活的破坏基本持欢迎态度，认为这是古代社会迈向现代社会的一种过渡。他毫不犹豫地站在现代社会一侧，甚至褒扬了资本对人类文明的积极作用。但所有这些坚固的东西并未像他在《共产党宣言》中所说的那样轻易化为乌有，而且人口也并没有轻易服从于资本支配下的空间和时间格局。此外，人口刚刚适应资本主义工业化的新情况，去工业化浪潮又开始席卷大地，留下了一片工业废墟和闲散愤懑的人群。从 20 世纪 80 年代起在北美和欧洲的许多传统工业区就出现了这样的社区凋零和产业空心化。对于许多人而言，安土重迁是一种美德。从地域上反对资本积累所造成的持续破坏现在成了反资本主义斗争的主要战线。对未异化的社会关系和自然关系的渴求不能忽略地域的建设，因为构建美好的生活必然要发生在一定的地域。空间和地域的辩证关系是理解资本在时空运动中的建设性和破坏性的关键。

这个问题的各层面嵌入在资本主义自身的动态中。一旦投资被嵌入某一特定地域的土地，如果资本不出现贬值，资本就必须在那个地域使用。资本运动在空间上受到限制，而资本则致力于在更大的空间范围内增加流动性。时间消灭空间是资本重塑世界市场空间和时间的重要现象。但这种必要性并不一定意味着空间分散，因为空间聚集也同样有效。现在有不同的方法可以节约资本周转时间来减少价值损失。工业可通过空间聚集来节约流通费用和时间。把经济以及运输和通信网络的有效配置集聚起来能减少流通时间并为资本留出更多剩余价值。运输方式的改进倾向于“面向现有的销售市场，也就是面向大生产中心、人口中心、输出港等等的。另一方面，这种交通特别便利的情况以及由此而加速的资本周转……反过来既使生产中心又使市场加速集中”。[6]

现在可以说，资本创造了一个与它的需要和目的（生产和消费）相适应的物理地貌和空间关系，但又发现它所创造的东西在未来某个时间点上会与其需要相对抗。资本主义积累的部分动态就要求“建设完整的地貌和空间关系，但又要未来将其推倒重来”。[7]

在《资本论》中，马克思基本上把这一过程略过不论。在第一卷中他写道：“为了在纯粹的状态下对我们的研究对象进行考察，避免次要情况的干扰，我们在这里必须把整个贸易世界看作一个国家，并且假定资本主义生产已经到处确立并占据了一切产业部门。”[8]需要在世界市场上创造新需求和新欲望的问题暂时不存在了，因为现在假定所有商品交换都是按价值进行的。马克思显然想在隔离的动态中研究资本，因此他假定资本是封闭在一个所有商品都以价值交换的封闭空间中。当然他偶尔也会脱离这个约束，例如他指出，工厂制度的兴起使得英国资本开始通过帝国征服（如印度）或殖民扩张（如澳大利亚）去获得新的原材料和市场，结果就是“一种和机器生产中心相适应的新的国际分工产生了，它使地球的一部分成为主要从事农业的生产地区，以服务另一部分主要从事工业的生产地区”。[9]

颇有些令人惊讶的是，《资本论》第一卷的最后一章竟然是关于殖民地的话题。马克思显然对黑格尔《权利哲学》中的提法有话要说。在文本中，黑格尔认为资本的内部（阶级）矛盾会产生不可容忍和不可持续的阶级财富分配差距。马克思在《资本论》第一卷中关于资本主义积累的一般规律采用了几乎相同的语言。这样的相似观点当然不是偶然的。黑格尔认为，文明社会将受其内在辩证法的推动来“超越自身限制寻找市场”，因为这是其必要的生存方式，新的市场将在那些商品过剩或不足，或工业普遍落后的地方开拓。殖民地将允许部分人口在新土地上以家庭为基础重新开始生活，同时创造新的需求和产业。简而言之，文明社会将被迫通过地理扩张寻求外部转变，因为其“内在辩证法”造成了没有内部解决方法的矛盾。[10] 资本要为解决其内部矛盾永远追寻一种“空间修复”。但黑格尔是否认为地理扩张有助于稳定资本，这一点尚不清楚。

马克思关于殖民主义的章节以两种方式回应了黑格尔的论点。首先，他引用了魏克菲尔德关于殖民澳大利亚的提议（该提议提交给英国议会）。按其提议，劳动者应禁止进入殖民地的自由土地。必须确保私有土地和地租之间的障碍来为资本提供充足的可雇佣的劳动者。马克思兴奋地指出，这就揭露了旧世界强加给新世界的政治经济秘密，这也是资本一直试图隐瞒的真相：资本是通过剥夺劳动获得基本生产资料（特别是土地）而产生的。[11] 其次，这意味着并不存在永恒的“外部”解决方案或“空间修复”来应对资本的内在矛盾。殖民地和帝国主义解决方案最终也只是资本内部矛盾在更大地理规模乃至全世界范围的再生产（特别是阶级关系）。马克思似乎已经得出结论，为此他应该集中精力研究资本的内部矛盾，而不是黑格尔提出的任何所谓的外部解决方案。

同样，马克思也拒绝把任何封建残余纳入他的资本理论中，他拒绝承认任何空间或外部解决方案对资本内部矛盾有任何意义。当然在很多年之后，罗莎·卢森堡在对马克思理论工作（尤其是《资本论》第二卷）的评论中强烈否认，资本可以在对市场平衡和资源约束缺乏外部解决方案的情况下存续。在她看来，帝国主义和殖民主义对于资本的存续是必要的和不可或缺的。[12]

只有在《资本论》第三卷中，在关于商业资本和银行、金融和信用体系的章节中，马克思才开始重新提及世界市场的空间结构，因为金融本来就是为了配合远距离贸易而生的。通过对商业资本、货币和生息资本的实现和分配的研究，马克思发现资本内部矛盾和外部矛盾之间不可能保持一个固定的边界。马克思假定价值实现没有问题，这让他建立了一个关于资本流通的严密理论，但代价却是与创造世界市场的现实过程有所脱节。做出这样的假设并没有错，但我们也要追问，当这些假设条件发生变化或不复存在的时候会发生什么。

马克思和恩格斯在《共产党宣言》中所设想的全球化是永远发展的，甚至到现在也远未完成。在过去的一个半世纪里，大量资本被用以寻求一个空间解决方案，希望通过世界市场最终消费和生产性消费的增长来解决资本实现的问题。而其最终的结果无非是资本内部的阶级矛盾在更大范围和规模上复制（过去20年中国、墨西哥、俄罗斯和印度亿万富翁的数量猛增就是例证）。这一过程已经延续了很长时间，并且跟当前的地缘经济和地缘政治联系在一起。地球陷入了帝国主义之间的世界大战和各种各样的国家体系之间的矛盾之中。这一切都越发证明了马克思的论断："创造世界市场的趋势已经直接包含在资本的概念本身中。"

殖民主义、帝国主义和地理不均衡发展的理论家应考虑如何在资本积累的一般理论框架中考虑这些进程。

马克思对殖民主义的一般论述，对爱尔兰和印度的殖民主义以及美国奴隶制的具体论述都内容丰富（作为《纽约先驱论坛报》记者），他看到了新兴殖民主义不断引发的冲突。“资本主义制度到处都碰到这样一种生产者的阻碍，这种生产者是自己劳动条件的所有者，靠自己的劳动使自己变富，而不是使资本家变富。在那里，这两种完全对立的经济制度之间的矛盾，在它们的斗争中实际地得到证实。在资本家有宗主国的力量作后盾的地方，资本家就企图用暴力清除以自己的劳动为基础的生产方式和占有方式。”[13] 这是资本主义国家的重要作用。20 世纪 20 年代，美国总统伍德罗·威尔逊明确表示，由于贸易跨越国界而产业家要把世界当作一个市场，自己国家的国旗必须跟随产业家，并攻陷那些对资本封闭的国家的大门……[14]

然而在《资本论》中，马克思无疑将时间研究置于空间研究之上。在世界市场上，价值是社会必要劳动时间，这与大量生产实用价值的具体劳动时间概念不同。剩余价值之外，劳资双方每天都在为工作日在必要劳动时间和剩余劳动时间之间的划分而斗争（延长工作日长度可提高绝对剩余价值），因为资本家总是希望通过各种工作场所内外的诡计多榨取工人的额外劳动时间。因此资本家才会尽量把工人囚禁在名字叫作工厂的“恐怖屋”内，这是榨取剩余价值的最简单的方法。

最近，西米利亚诺·托姆巴和斯塔夫罗斯·托巴佐斯出版了两本关于马克思著作中描写时间概念的书，另外，丹尼尔·本赛德也发表了一篇关于此话题的精彩论文。[15] 他们都认为，《资本论》第一卷中的时间是线性和进步的，适合持续技术变革和无限资本积累的研究。第二卷中的时间则是周期性，适合资本从生产增值到实现和分配再回到生产增值的过程研究。第三卷的时间则认为是“有机”的，但具体含义不是特别清楚，这或许可以理解为资本作为整体始终处在各种变化的洪流中。如果说第三卷的时间观念是前两卷的综合，那么其特征应是螺旋形。这是马克思不止一次在《政治经济学批判大纲》中运用的几何图形，用它来与简单再生产的循环相对比。“资本划了一个圆圈，作为圆圈的主体而扩大了，它就是这样划着不断扩大的圆圈，形成螺旋形。”[16]这大致符合线性技术变革（即表现为不断提高的劳动生产率）与融入永恒积累的圆周运动组成的联合架构，正是这一圆周运动结构了马克思利润率下降理论。资本从一个圆圈到一个螺旋形的转变是许多问题的开始，因此这一螺旋注定会失控。

在思考人类活动的空间和时间方面有两个基本途径。在阐述这些问题时，我将试图进入一个或许需要反复思考才能把握的复杂领域，但即便如此，还是值得一试。[17]

要么，我们预设某些普遍和固定的时间和空间框架，然后用这个框架给其中的活动定位、排序和校准。这就是时钟时间以及笛卡儿和牛顿在欧氏几何知识基础上确定的空间。这是资本主义国家、行政机构、法律和私有财产以及资本主义计算所熟悉的时间和空间。至于这样的空间和时间为何能成为主导，目前有大量的经济史和文化史论述。在这样的时空框架下，私人产权和领土主权可明确定义（借助地图），社会契约（如每天工作 8 小时或 30 年按揭）也能确定。资本、劳动、货币和商品等因素可以协调，因此一切都会在适当的时间（如准时生产系统中）处于适当的位置。如果没有这样的时空框架，自由主义政治和商业秩序都无法维持。“如果柏林所有的手表突然都不准了，哪怕这种差别只有一个小时”，社会学家齐美尔写道，“那么整个经济和商业世界都会陷入混乱。”[18]

要么，我们承认有很多种方式可用来理解时间和空间的概念或体验时空，认识到每一过程都能内化自身的时空并耐心处理具体情况下不同时空世界碰撞所产生的冲突、矛盾和困惑。一棵橡树在成长的过程中也会内化一定的时空。橡树成长的时空尺度与种植玉米的时空尺度完全不同。鸟类迁徙的时空与地球板块运动或放射性衰变的时空也有很大不同。工厂劳动的时空与家庭生活、抚养子女和劳动力再生产相冲突。即便是禁止雇佣童工这样简单的规定也要面对不同社会里对“童年”的不同定义。马克思指出，按照资本主义的人类学，人类的童年在 10 岁时就结束了！雇佣劳动力的形成需要工人适应某种强制性的时空制度，这种适应过程很难，因此只能通过强迫和暴力。对石油等自然资源的最佳开采率，从地质形成时间角度计算与从经济贴现角度计算将会有截然不同的结果。任何从经济角度出发的计算都无助于形成应对全球变暖所需的时空概念。目前，文化和宗教在时空构建的多样性方面有大量的研究和评论。有人觉得世界末日终将来临，有人则深信人类的永恒进步，认为共产主义必将实现或人类必然会走入应许之地。原始的宇宙观与现代科学关于时空的起源说法有着天壤之别。早期基督教到封建主义晚期的时空概念与伴随资本主义发展而出现的时空概念相当不同，尽管我们目前的科学认知也尚未达到完满的程度。牛顿时代的物理学时空概念已经发展到爱因斯坦的相对时空论以及玻尔的量子力学时空概念。

在所有这些多样性中，某一个时间和空间概念——例如时钟时间和欧几里得空间——可能在日常的经济生活中占主导地位。因为如果没有起主导作用的时空概念的话，就会如齐美尔所指出的那样，将没有任何协调、规划和管理。类似于公共汽车时刻表、火车时刻表或飞机航班等基本信息也无法确定。世界各地不同的时间也通过国际协议设置了时区，由此来方便沟通和交流。[19] 资本循环和积累也会定义或重新定义时空。目前全球金融市场的时空设置与1848年的情况完全不同。资本这一革命性的力量改变了日常生活、经济流通、行政管理以及金融交易的空间和时间框架。周转时间的加速、一生中工作不稳定性的增加以及空间距离的缩短不仅改变了生活方式，也改变了资本积累的节奏。虽然各要素依然对利润产生影响，但劳动强度而不是实际劳动时间成为影响利润的重点。以反价值信用为形式的“未来时间”现在完全压过了“当下时间”，这是前所未见的情况。现在有多少人正为了很久以前欠下的债务而辛勤劳动？

在所有这些框架中，需要区分三类主要的时间和空间概念。这也是问题变复杂的地方。

绝对时空

一块土地被租21年。该地块在地图上有明确的边界并受到产权法律的保护。其面积是已知的，所以每平方米的租赁成本可以计算出来。租约于2000年1月1日开始至2020年12月31日结束。除非有特别的约定，承租人可以在21年的承租期内按其意愿处理这块土地。这就是绝对空间和绝对时间。这是一个工人在一个工作日（以小时计算）必须在工厂封闭空间内的规定，在工厂里资本拥有绝对的法律控制权。《资本论》第一卷的开篇就强调了空间和时间的绝对性，尤其是在关于工作日和绝对剩余价值生产的章节。马克思所说的具体劳动就发生在绝对的空间和时间内。本赛德这样写道："物理意义上的孤立空间和时间现在构成了任何知识的正式条件，无论是关于自然还是经济，由此占据了绝对和真理的宝座，而其余一切都是浅显与平庸。"[20]

相对时空

相对时空的变化会影响到在土地租赁期内在土地的绝对空间里所能做的事情。承租人希望最大限度地增加来自土地的收入，但由于劳动力缺乏，他不能种植新鲜的水果和蔬菜，而且这块地离城市市场太远，道路崎岖不平，只能用马车运输。但如果在 10 年后附近会建造一条公路，那么就会有更多的工人来到该地区居住，而冷藏车的出现也允许承租人从种植粮食转向更有利可图的新鲜水果和蔬菜生产。如果时间段选择得合适，那么一个小时内就可到达市场。要让桃树挂果需要 8 年时间，所以承租人如果选择种植果树并不理性，除非租赁条款可以重新议定或能达成某种跟桃树种植时间相符的法律方案。所有这一切就是相对时空。《资本论》中的相对剩余价值就存在于相对时间框架，其重点不再是劳动时间长短而是劳动效率和强度的变化，尽管按照马克思的说法，生产空间依然是工厂的绝对空间。在论述劳动价值（工资）国家差异的章节中，我们也碰到了相对空间的可能性。但在第二卷中，马克思的分析纳入了运输成本的差距、市场位置的远近以及不同的投入要素。

关联时空

关联时空更难把握，因为跟价值一样，这是无形的、无法触摸和测量但又极其重要的概念。[21] 当我翻新自己的住房时，住房的货币价值会提升，这又可能让周边的房屋升值。当然这种空间影响范围会随着距离的增加迅速下降。但贷款机构在评估房屋抵押贷款申请时会这样考虑。一家银行投资了住房抵押贷款，那么这笔投资在银行账面上的钱估值几何？我们可以用绝对时空研究每一栋房屋的估值，也可以考虑每栋房屋位置的相对时空价值，但归根结底要用最适合实际情况的关联时空方法，即采用“最佳估值做法”。那么当所谓“市场定价”这一主流估值方法失效时，例如当市场崩溃（如在 2008 年）时，我们又该用什么方法来评估金融机构的住房抵押贷款价值呢？答案是合理猜测估值。[22] 关联价值会随着市场情绪、市场信心以及市场预期的变动而变化。如果美联储突然改变利率或者英国退出欧盟，那么世界许多地区的房地产价值肯定会受到影响。我们看不到任何元素在发挥作用，但客观的效果却是显而易见的。同样的道理也适用于政治斗争领域。阿拉伯之春运动引发了土耳其的抗议，土耳其的事情又在几周之后传导到了巴西，巴西人为反对日益恶化的城市生活而掀起了大规模游行示威。这种传染效应在当今还会受到社交媒体的推波助澜，几乎在世界的每个角落都能看到。在拉美，几十年前左翼政府纷纷上台，但几十年后，左翼运动却在拉美退潮。

这三种时空关系类别产生了很有意思的结论：

> 绝对时空是具体劳动的时空，对应工作日、工厂

空间以及关于工作日长短的绝对剩余价值。相对时空是相对剩余价值的时空，对应工作日内不同劳动效率和劳动强度以及不同的劳动价值。相对位置、空间便利程度以及运输成本和时间变得重要。关联时空则对应“抽象劳动”，即将具体劳动变为全世界各种劳动方式的总和。抽象劳动是关联时空中具体劳动的总和。在具体地域层级，空间的外部效应能对未开垦土地的估价等问题发挥重要作用。

在资本整体逻辑下，资本同时具备这三种形式的时空性。本赛德这样评论：

> 资本的自相矛盾（使用价值/交换价值以及具体劳动/抽象劳动）源自第一卷中所述的商品。使用价值和交换价值的统一表达了时间性的冲突。一般/抽象劳动时间只有通过具体的劳动存在。作为这两种时间的联系，价值以社会时间的抽象出现。反过来，时间作为尺度本身也必须被测量。社会必要劳动时间的确定是对应资本的整体运动。

就是出于这个原因，“时间范畴成为（马克思）政治经济学批判的核心”。但在马克思推理中并存着不同的时间概念。“生产的机械时间、循环的化学时间以及再生产的有机时间都相互嵌套，如同圆圈套着圆圈，由此确定历史时间的神秘图案，这就是关于时间的政治。”[23]

虽然《资本论》第二卷采用了周期性时间框架，但它并没有深入研究资本循环所需的时空框架。它假定技术和组织形式保持不变，因此第一卷中重点论述的进步动能就从分析中消失了。马克思把大部分精力都放在简单再生产的分析上（无穷良性循环的圆圈形式），而不是永久性资本积累的螺旋形式（无穷恶性循环）。这些假设使马克思能够在没有干扰的情况下更仔细地研究不同形式的资本的不同运动方面。他的重点是不同的周转时间——不同资本从货币形式到价值增值、价值实现和价值分配再回到货币形式所需的相对时间。马克思将总的循环过程分解为生产时间和流通时间。前者定义为价值的生产，后者为价值的否定。然后他研究了劳动时间（劳动在实际生产中的时间）与生产时间的关系，而生产时间在许多情况下包括没有使用劳动的时间。例如在农业生产中，劳动力使用的工作时间往往很短，而大多数作物的生产时间是一年。葡萄酒和其他酒类的生产需要很长的发酵时间，但这些时间并不需要劳动的参与，葡萄酒会在木桶和酒瓶里醇化。这是否算是社会必要劳动时间？马克思的答案是“否”，即便葡萄酒会随着储藏年份的增加而出现价格上涨。葡萄酒通常以垄断价格进行交易，因此不适用于支配社会必要劳动时间的一般竞争法。如何协调不同的周转、生产和流通时间的关系给资本整体循环带来了许多问题。建造房屋、建造游船、制作移动电话、制作汉堡包或音乐会表演所对应的时空框架完全不同，而资本和劳动都要在这样具体的时空框架下发挥作用。

这给我们带来了棘手的问题，即如何理解固定资本循环。在没有物质转移的情况下，机器的价值如何转移到生产的商品上？必须要设计一些计算规则来计算，而计算规则又总是充满争议并且要不断修正。更加宽泛的问题是，价值是如何通过固定资本形成和使用循环的？对于大型和长期的有形基础设施建设以及资本流通和再生产所需的建造环境，价值又是如何循环的？这些问题无法被纳入本书最初的资本循环示意图，但这些问题都很重要。看看纽约的天际线，然后考虑到底如何才能确保资本流动以长期维持这样的面貌。最关键的问题是，价值在这些大楼流动是通过债务（反价值）还是收入（价值生产或占有）方式。我们此前认为价值流是无形的，但是客观的，它们是肉眼看不到的。但只要去底特律或哈瓦那看看，就能知道当价值停止流动后会对建筑环境造成什么样的影响。城市景观的没落是有目共睹的。

固定资本循环的研究很重要，有两个原因。首先，马克思的批评者认为，固定资本破坏了价值理论和马克思政治经济学。马克思承认固定资本的循环与李嘉图的价值学说相矛盾。[24] 不过马克思的价值理论不同于李嘉图的理论，马克思的批评者通常没有注意到这一点。但马克思的理论可能需要某些修订以适应固定资本形成和流通的特殊问题。其次，也是更有实践意义的——最近发生的资本危机——尤其是发生在2007—2008年的危机——都发生在建筑环境投资领域或其周围。那么马克思对固定资本循环和建筑环境形成的分析又能从哪些方面为我们对这种现象的理解奠定基础？[25]

让我们从最简单的固定资本形成开始。某工业资本家为了提高雇佣劳动的生产率而购买了一台机器。如果这台机器是最先进的，那么工业资本家可凭此提高劳动生产率并获得超额剩余价值。当其他人都购买了同样的机器时，这种短暂的相对剩余价值就消失了。购买这台机器所付出的价值必须在机器使用年限内收回。那么这种价值是如何循环的？最简单的方法是使用直线折旧法。如果机器的物理寿命是 10 年，那么每年机器价值的 1/10 会转化为所生产的商品的价值。在 10 年结束时，生产商应该有足够的钱购买一台新机器并重新开始生产过程。

但新的、更便宜、更高效的机器会随时出现在市场上，尤其是当技术创新商业化之后。那么现有的机器就会面对马克思所言的“道德贬值”以及由便宜和更高效的机器竞争造成的贬值，重置价值跟初始值开始出现偏差。机器的寿命不再是一个物理问题，因为有更好的新机器迫使现有机器提前退役。这就引出了三种看待固定资本流动的方法：

一是已经描述的基于物理寿命的平均直线折旧；二是本机物理寿命期内不同的重置成本；三是机器在可变寿命期内的不断变化的估值，这取决于它在与其他生产者竞争中获得相对剩余价值的能力。机器的寿命取决于它的实用性和经济性。马克思承认，机器的价值取决于其催生剩余价值的性能。配合这种折旧方法的会计方式也是兼顾两头。马克思提到，这是其价值理论的一个问题。绵羊生产毛、肉和奶，但每种商品的价值都不明显。固定资产的会计处理则是：每年资本主义都生产商品，每年年底也生产物理机械的剩余价值，其价值可以在二手市场上实现或用于下一年度的商品生产。这与李嘉图的劳动价值论是不相容的，因为机器的价值完全取决于在价值和剩余价值生产中的效用，而与最初凝结在其中的劳动无关。

最后的解释是最有趣的。如果说工业资本家是按年租赁这台机器，那就相对容易理解。工业资本家每年都要选择是否要续租这台旧机器或租赁一个新的，结果取决于租赁的差别成本、旧机器和新机器对生产力的不同贡献以及其他各种因素（例如维修和维修合同）。每年的租赁协议会重新议定机器在这一年的价值，明年的价值可能完全不同于今年。机器的关联价值始终处于变化之中。

但这样的安排也有些奇怪。出租机器的公司以机器的固定形式向生产商提供借贷，而不是以货币形式向制造商提供资金，作为回报，它们自然期望机器的价值能连本带利收回来，这也符合固定资本流通融资的一般方式。如果生产商要自己拿出价值购买机器，那么在机器使用寿命期限内，生产商必须每年攒足够的钱，才能在这台机器寿命结束时购买一台替代机器。资本家要么囤积资金，要么把钱存到金融机构去赚取利息，或者，他们也可以在一开始就借钱（或租赁机器）并在机器使用过程中支付利息。

但无论如何，生息资本的流通都会进入分析视野，在实践中租赁也是一种相当普遍的做法，生产者并不总是购买设备。生息资本的流通以及通过固定资本使用的价值循环紧密交织在了一起。

令人遗憾的是，马克思在《资本论》第二卷的假设搁置了技术变化和生息资本循环的考虑，这使得他在写固定资本时能回避对这些问题的讨论。他的假设使他能够更专注地观察周转时间的作用以及保持供求平衡所必须满足的条件。但这些假设阻碍了对固定资本循环问题的全面和充分研究。第二卷中相关章节的论述乏善可陈。《政治经济学批判大纲》则提供了一个更大胆也更能见到成果的方法，尽管这种方法也有猜测的成分。

马克思写道："自然界没有制造出任何机器，没有制造出机车、铁路、电报、走锭精纺机等等。它们是人类劳动的产物，是变成了人类意志驾驭自然的器官或人类在自然界活动的器官的自然物质。它们是人类的手创造出来的人类头脑的器官；是物化的知识力量。"[26]

这些生产力加上其所运用的技术和知识必须被资本家占有，按照后者的要求进行塑造并作为进一步资本积累的杠杆。"劳动资料发展为机器体系，对资本来说并不是偶然的，而是使传统的继承下来的劳动资料适合于资本要求的历史性变革。因此，知识和技能的积累……就同劳动相对立而被吸收在资本当中，从而表现为资本的属性，更明确些说，表现为固定资本的属性。"[27]因此，不仅机器是固定的，而且人类的知识和无偿馈赠也被吸收其中。

但要使固定资本循环完全有效，还必须具备若干前提条件：

> 生产固定资本的那部分生产既不生产直接的消费品……因此，越来越大的一部分生产时间耗费在生产资料的生产上，这种情况取决于已经达到的生产率水平……这就要求社会能够等待；能够把相当大一部分已经创造出来的财富从直接的享受中，也从以直接享受为目的的生产中抽出来，以便把这一部分财富用到非直接生产的劳动上去。

这就要求“已经达到的生产率和相对的富裕程度都有高度水平，而且这种高度水平是同流动资本转变为固定资本成正比的……过剩人口（从这个观点来看），以及过剩生产，是达到这种情况的条件”。[28]

正如我们所看到的，资本倾向于生产过剩人口（产业后备军）和剩余产品（面临实现问题的商品）。因此，资本是系统化地产生有利于固定资本形成的条件。固定资本的规模越大，就能吸收更多的剩余劳动力和剩余资金——“修建铁路、运河、自来水、电报等等场合”要多过“制造直接用于直接生产过程的机器的场合”。[29]但要做到这一点，资本必须集中货币力量。在股份公司变身大型企业和金融业形成中央货币资本组织之前，大规模投资往往是通过国家机器来实现的。在当今时代，私人银行财团或公私合作项目更受青睐。然而随着时间的推移，组织生息资本流动的机构（如养老基金）和组织固定资本形成的机构之间的内在联系正变得越来越复杂。

在考虑某些特殊类型的固定资本时，这种趋势就变得更加明显了。其中一个越来越重要的部分是“独立设施”。共同使用的有形基础设施（其中一些具有公共品的性质）为资本主义发展提供重要的使用价值。许多基础设施（如房屋、学校、医院和购物中心）是用于消费而不是生产的，而像铁路和公路这样的设施则既可以用于生产也可以用于消费。马克思简要地考虑了生产型固定资本投资和消费基金投资的关系。显然，在我们所处的时代，在发达资本主义世界里，后者也是极其重要的。

马克思还强调，我们不能混淆固定资本与不可移动资本（如煤矿），后者本身就是一个重要的概念：

> 一部分劳动资料……一旦作为劳动资料进入生产过程……就固定在一定的地点，例如机器；或者一开始就在这种不动的、同所在地点不能分开的形式上被生产出来，例如土壤改良、厂房、高炉、运河、铁路等等。……不过，劳动资料固定在一个地点，把根牢牢扎在地里这个事实，使这部分固定资本在国民经济中具有一种独特的作用。它们不能被运往国外，不能作为商品在世界市场上流通。这种固定资本的所有权证书却可以变换，可以买卖，就这一点说，可以观念地流通。这种所有权证书，甚至可以在国外市场上流通，例如以股票的形式。但是，这一类固定资本的所有主的变换，不会使一个国家财富中不动的、物质上固定的部分和可动的部分之比发生变化。[30]

我们可以在世界各地交易一家南非城市供水公司的股票，但自来水系统是无法移动的。地理固定性与地理流动性成了不可移动的固定资本上的一对重要矛盾。地理固定性实际上是一个生产出来的空间。

所有这一切都有一个深刻而持久的矛盾。贯穿生息资本循环的反价值就如同暗物质一般，要求用很大一部分未来价值的生产来清偿，这就是说，价值生产必须不断增长以覆盖利息成本。“固定资本发展的程度越高，生产过程的连续性或再生产过程的不断进行，就越成为以资本为基础的生产方式的外在的强制性条件。”[31] 当资本家购买或借固定资本时，他们不得不使用它直到它的价值完全赎回，否则就要面临贬值。根植于土地的固定和不可移动资本必须在原地使用以赎回其生命周期中的价值。这里面有一个悖论：一种资本形式是被设计用来提供某场所的物理基础设施以释放资本的空间流动性，结果却要求资本不断流入固定资本所定义的场所，否则后者就会出现严重贬值并对提供支持的生息资本造成严重的后果。这就是资本所具备的一个严重的危机倾向性。[32]

马克思认为，对各种固定资本的要求，加上来自一个足以应对社会再生产和日常生活的消费基金的要求，就构成了经济增长以及管理生息资本流动机构成长的重要物质基础。“因此，预期得到未来劳动的果实……决不是信用制度的发明。它的根源在于固定资本的价值的特殊实现方式、周转方式、再生产方式。”[33] 另一个重要基础在于经济增长和长途贸易融资。颇有意思的是，关于价值循环时空的考虑最终聚拢到生息资本循环上，而生息资本被视为推动资本进一步积累的主要动因。

这一切涉及的矛盾应该是显而易见的。一方面，固定资本提供了资本积累的有力杠杆。固定资产投资，特别是在建筑环境的独立设施，可以临时缓解过度积累问题并减轻危机阶段的压力，尤其是当过剩资本和劳动找不到有利可图的投资机会时。另一方面，未来的生产和消费越来越多地被禁锢在固定的做事方式中，越来越多地限于未来的特定生产和特定空间配置方式。未来成为过去的抵押品，资本失去弹性，创新能力要么受到限制导致经济停滞，要么保持创新但要以固定资本贬值为代价。马克思很清楚地看到这又是另一个危机之源：

> 这种由若干互相联系的周转组成的包括若干年的周期资本被它的固定组成部分束缚在这种周期之内，为周期性的危机造成了物质基础。在周期性的危机中，营业要依次通过松弛、中等活跃、急剧上升和危机这几个时期。虽然资本投下的时期是极不相同和极不一致的，但危机总是大规模新投资的起点。因此，就整个社会考察，危机又或多或少地是下一个周转周期的新的物质基础。[34]

当考虑到不可移动的固定资本要锁定在具体场所时，这一矛盾又会出现另一个层面的问题：固定资本投资与基础设施的空间有很大不同，在时间上也不吻合，一旦资本投资于特定的空间和地域，资本就必须继续在这些空间中流动而无法转移到其他地方，直到固定资本中的价值通过使用被赎回，否则，整个区域经济都将经受贬值之苦。自20世纪80年代以来欧美传统工业区普遍遭遇了这种境况。根植于土地的固定资本的投资和撤资节奏互不相同，由此也造就了世界资本主义地域发展不均衡的震荡模式。

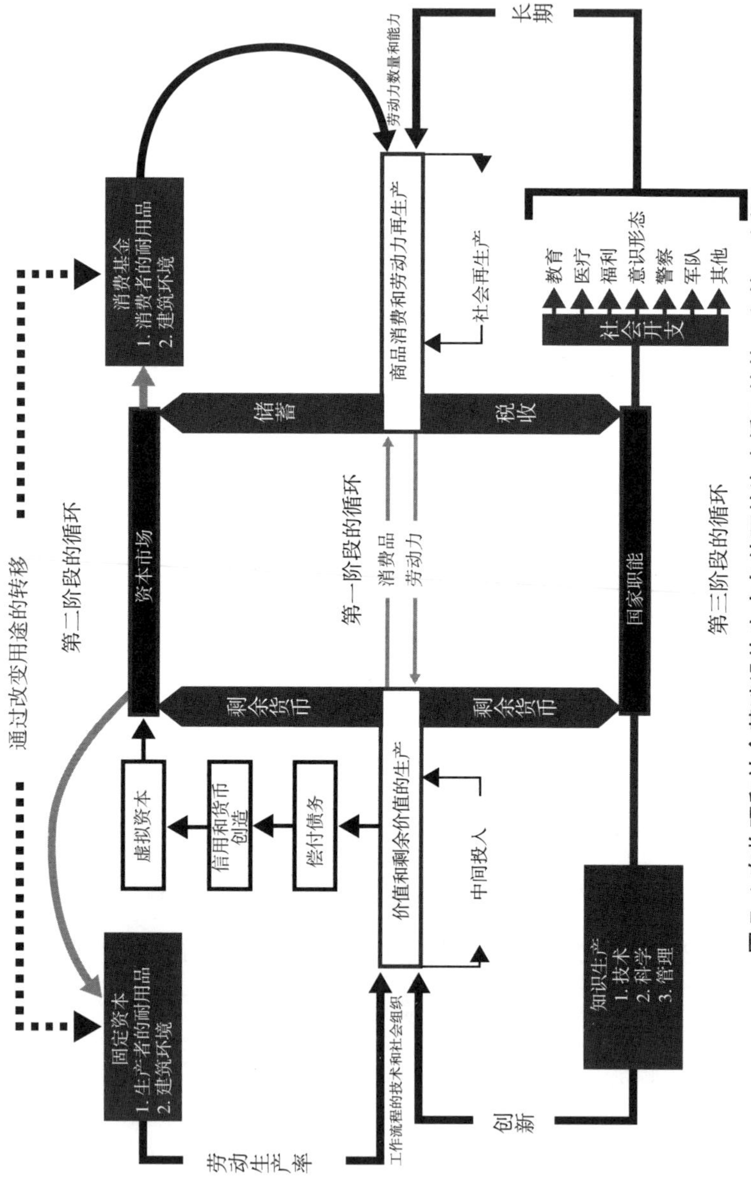

图 7-1 在物理和社会基础设施生产条件下的资本循环的第二和第三阶段

随着时间的推移，长期和频繁的大规模基础设施建设对资本变得越来越重要，它形成了资本循环的第二个阶段，以其特有的方式回应并规定了资本积累的空间和时间路径。对资本循环的第三个阶段，马克思并没有展开论述，这意味着对劳动力的教育和培训、对医疗保健和养老金的社会开支和服务，我们在日常生活中已经习以为常。传统上这些服务是由国家先征税然后提供给国民，但近年来的趋势是越来越多的私营机构开始参与。然而正如独立设施上的固定资本，教育是长期的投资，可能要在久远的未来才能看到这些投资是否有助于生产率的提高。资本循环的第二阶段和第三阶段为我们对资本主义运动规律的理解增添了维度（见图 7–1）。但有一点是肯定的：在全面分析资本在时空中如何运作以及如何再生产时，资本作为运动中的价值不能脱离其第二阶段和第三阶段循环去理解，它不仅经过市场也通过国家权力来调节。我们开始给出的资本示意图局限于一维空间中的循环，而资本在其他层面的第二阶段和第三阶段循环则为我们对资本的理解提供了重要的补充。

MARX, CAPITAL AND THE MADNESS OF ECONOMIC REASON

第八章

价值体系的生产

马克思认为，资本运动的规律是资本主义竞争遵行的规律，但不是竞争创造出来的。《资本论》始终都假设完全竞争的理想状态。马克思通过这样的假设来证明，古典政治经济学关于个人自由和私有财产将通过市场机制增进所有人的福利这一论断只是乌托邦式幻想，在实践中只会造成阶级分化加剧、环境污染以及深重的经济危机。但这也不禁令人要问，如果完全竞争的实施机制缺席或出现纰漏，那会发生什么？

马克思隐约地表示，完全竞争发生在运输成本为零以及运动无阻碍的空间。但所有的空间竞争都是垄断竞争。[1]之所以这样说，是因为企业对其所占据的特定空间形成垄断，在某特定的地理范围也只是面对数量有限的公司（如果有的话）的竞争。单个资本家可通过高运输成本和地域贸易壁垒（如关税）等手段来免受竞争。这种保护效应的强弱取决于商品的性质、关税结构和运输的时间与成本。在马克思的时代，重型易腐物品无法摆脱当地的垄断控制，而黄金、白银、钻石、香料、丝绸、染料等贸易受运输费用的影响较小，当然，这些贸易依然会受到关税的限制。许多日用和易腐产品（如面包和啤酒）的生产者可免受来自邻近城镇生产者的竞争。依靠大量原材料投入（如钢铁厂需要大量铁矿石和煤炭）的生产商则尽量通过接近其原料来源以获得竞争优势。这些是区位理论所论述的情况。[2] 在19世纪的资本主义经济中，原材料的方位往往决定大多数重工业的位置。但如今市场导向可能更明显一些，除了一些明显的例外。墨西哥电冰箱生产商相对亚洲竞争者占有区位优势，因为墨西哥厂商更加贴近美国市场。

在本地区或本区域垄断条件下生产和销售的商品价值，在世界市场上却不能以同样的方式来确定，而不像黄金、钻石或盐这样的世界性产品。相反，根据运输时间和成本的变化以及关税和其他贸易壁垒，价值会因地点而异。

马克思认为，劳动力价值在各国不同，这取决于“自然的和历史地发展起来的首要的生活必需品的价格和范围，工人的教育费，妇女劳动和儿童劳动的作用，劳动生产率，劳动的外延量和内含量。”[3]劳动强度在地理上的差异尤为重要，“一个国家劳动强度越大……在相同时间内就会产生更多的价值，表现为更多的货币”。价值规律随各国工资差异以及各地在工作日长度、强度、生产力和灵活度方面的差异而改变。由于自然禀赋差异导致的劳动生产率差异（如宜人气候地带的肥沃土地可生产廉价的食物）以及由于自然和历史情况和阶级斗争情况造成的不同消费需求和欲望，说明利润率的均衡化不会伴随各国剥削率的平均化而出现。[4]对于国际贸易的情况，“处在有利条件下的国家，在交换中以较少的劳动换回较多的劳动，虽然这种差额，这种余额，同劳动和资本之间进行交换时通常发生的情况一样，总是会被某一个阶级装进腰包”。[5]究竟是装进了哪个阶级的腰包，对这一点大家都心知肚明。马克思指出：“价值规律在这里有了重大的变化……比较富有的国家剥削比较贫穷的国家。”[6]这阻止了“不同国家间的一般利润率对各国劳动时间的价值甚至各国成本价格的平均化”。[7]

我们在世界上某个地方为他人所做的社会劳动在性质

和数量上会不同于在其他地方的社会劳动。在不同地区价值体系交换中，某一地区的社会劳动可能在为其他地区的经济和生活方式提供补贴或支持。那些以劳动密集型生产为基础的高价值生产体系（如墨西哥或孟加拉国）可能正在支持资本密集型的价值体系（如美国）。更令人吃惊的是，纽约和伦敦那些高楼大厦所背负的巨额债务和反价值要靠孟加拉国和中国深圳的工厂来清偿，而不是靠曼哈顿或苏荷区。

这一论断有着深远的影响。在《资本论》第一卷中，马克思提出，竞争交换关系中假定的平等交换如何与剩余价值生产的不平等相容，答案在于劳动力的商品化和在生产过程中对活劳动的剥削。在《资本论》第三卷中马克思又揭示了另一个令人惊讶的谜底。竞争导致利润率平均化，但这并不导致商品按价值交换，产品是按生产价格交换。[8] 资本家根据他们预付的资本获得剩余价值并依靠雇佣劳动生产剩余价值。在资本主义开放的贸易条件下，剩余价值的再分配有利于资本密集型生产者而非劳动密集型生产者。

《资本论》第三卷中关于资本主义再分配规律的论述

引起了一些有趣的类比。美国参议院委员会在调查2007—2008年金融危机时，要求高盛的首席执行官劳尔德·贝兰克梵定义银行的角色。他回答说银行是在“做上帝的工作”。[9]大概他是受了《圣经》中马太福音25：29的启发：“因为凡有的，还要加给他，叫他有余；没有的，连他所有的也要夺过来。”这是利润率平均化实现的结果。鉴于马克思（和李嘉图）坚持认为劳动是价值的最终源泉，这样的影响后果是深远的。像德国这样的资本密集型价值体系与孟加拉国这样劳动密集型价值体系进行交易，结果是价值和剩余价值从后者转移到前者去。这一转移通过市场过程“无声”和“自然”地完成。这不需要帝国主义式的统治和掠夺策略，只要鼓吹自由贸易就能做到。这是一种“无声”的方式，让富裕地区以牺牲落后地区为代价变得更加富有。为此许多发展中国家都倾向于实行贸易保护主义政策，尤其是保护所谓的“幼稚产业”。这也可以解释，为什么从20世纪60年代的日本开始，这么多的发展中国家都倾向于组织和补贴资本，而不是走劳动密集型资本主义发展路线。[10]这种所谓的在全球产业链上向高附加值生产转移成为各国的追求。当我们在这样的价值转移上加上价值生产和价值实现在地理上的差异，那么资本循环中不同地理面貌之间流动的价值的地理分布就成了资本的物质表现。在这些流动中，各地资本体系开始形成，每个地方都有相对稳定和固定的劳动力资源、劳动分工、社会和物理基础设施投资以及价值生产、实现和分配，至少是在一段时间内。

通过对各地货币安排的研究，也可以证明确实存在不同的地区价值体系。在《资本论》第一卷中，马克思指出全球货币商品——黄金和白银——与许多当地信用货币和纸币存在脱节，信用货币和纸币的存在是为了便于交换，这是“国家特有的属性”。[11]

> 货币一越出国内流通领域，便失去了在这一领域内获得的价格标准、铸币、辅币和价值符号等地方形式，又恢复原来的贵金属块的形式。在世界贸易中，商品普遍地展开自己的价值。因此，在这里，商品独立的价值形态，也是作为世界货币与商品相对立。只有在世界市场上，货币才充分地作为这样一种商品起

> 作用，这种商品的自然形式同时就是抽象人类劳动的直接的社会实现形式。货币的存在方式与货币的概念相适合了。

因此，“金银作为铸币穿着不同的国家制服，但它们在世界市场上又脱掉这些制服”。[12] 这表明“商品流通的国内领域或民族领域，同它们的普遍的世界市场领域是分开的”。马克思坚持认为，商品的真正价值是在世界市场上体现且其最充分的货币表现形式就是黄金。

如果地方货币和普遍货币之间的分离是如此明显，那么为何我们不能想象，同样的情况也可能适用于价值本身呢？默认的假设是，价值是单一和普遍的，而不是多重的和按区域分列的，但这归根结底只是一个假设。马克思对此的解释是，只有在世界市场上，货币才能获得其普遍的物质形式——黄金，这是人类无法操纵的东西。全球黄金供应是相对稀缺的，而且不具备弹性，大部分黄金都是以某种形式存在于地面之上。为了减少交易费用，世界各地出现了地方性货币，但这些仅仅是价值的象征。而黄金本身就是一个象征。不同的是，非金属形式的货币容易受到人为操纵。更不可靠的是“记账货币”以及复杂的债务和信贷制度。黄金充当了稳固和可靠的物质支点，这是所有其他虚拟或失控的货币的基石。

但随着时间的推移，黄金在全球交易中的作用越来越小。世界货币体系在20世纪70年代初放弃了金本位，这斩断了货币对黄金的最后依赖。马克思曾认为这是不可能发生的事情。但在这一点上，他显然是错误的，我们必须考虑这一错误的理论和实践后果。即使在世界市场上，现在的价值体现也是完全没有物质基础的货币形式。这些货币形式易受到人为操纵（如中央银行的量化宽松）。各货币制度有可能会出现竞争，即在世界市场上争夺价值代表权。但任何一种被用来当作一般等价物的货币，例如现在的美元，不仅永远处在被挑战的位置上，而且也有内生的不稳定性。

马克思如果关注到这一点，那么他可以轻松地形成相关理论成果。正如我们所看到的，价值是在市场交易的实践中凸显的。以易货开始的交换是关于不同商品生产中具体劳动时间的价值形式。设想这一过程在某一特定区域铺开，并产生一种特定的货币形式代表该区域内所有劳动时间的平均数，抽象劳动或社会必要劳动时间就会在该区域内所有空间实现统一。不难想象，这一进程如果是在两个相邻的封闭体系内同时运行，每个体系都会形成自己的价值体系。

资本的本质是要撕破地方纽带并“打破直接的产品交换的个人的地方的限制”。[13] 交易可以在不同地域、不同价值体系和不同货币体系之间开展。《共产党宣言》和《政治经济学批判大纲》中所述的资本创造世界市场的内在动力变成了《资本论》中所说的创造普遍交易的动力。[14] 这就要求创造一般等价物，而按照社会习俗最终落在了黄金这一具体的物理形式上。但这一进程的完成需要消除所有的贸易壁垒，包括运输费用。尽管这些费用被全部或部分降低（特别是关于货币形式的超级流动），但不可能将流通成本减至零。

马克思清楚地看到了通用货币形式的内在矛盾。就黄金而言，这些矛盾表现的方式是显而易见的，但在美元作为全球储备货币的情况下，要想知道这些矛盾的表现方式却并不容易。其实质就是，美国经济中生产使用价值的具体私人劳动的整体生产率被认为是代表着全世界的抽象劳动，但国际社会显然并不接受美国对该标准的操纵。当美国的整体劳动生产率低于日本和西德（如 20 世纪 80 年代）时，为何要用美元作为价值尺度呢？一般等价物缺乏稳定的支柱，世界主要货币的相对价值不可预测的变化也反映着不同价值体系的演变。

地区价值体系的生产是资本历史地理学的一个重要特征。这些体系最初是高度本地化的，通过交换数量有限的不易腐烂的高价值和不容易复制的商品维持松散的联系。货币商品（金、银）发挥着连接人和协调人的作用，这也解释了为何马克思会把它们作为其政治经济理论的核心议题。随着交易的不断扩展和深化，不同的价值体系也开始加速聚拢，首先是在区域层面（例如欧盟、北美自由贸易协定以及南方共同市场等），并不断向全球范围延伸。直到 20 世纪 70 年代末，美国当地的超市里还找不到外国的奶酪和葡萄酒，甚至大部分的啤酒也都是本地酿造的。如果我在巴尔的摩，就喝“国民波希米亚”牌，如果在美国钢铁城就喝“匹兹堡牌”，在丹佛就喝“库尔斯”牌。但这一状况自70年代以来就发生了巨大的变化。现在每个地方的超市都有来自世界各地的食品，我几乎可以在大城市喝到来自世界各地的啤酒。

自1945年以来，资本的大部分历史是通过不断降低运输成本和稳步减少政治障碍（例如关税和其他形式的管制）逐步消除贸易壁垒。竞争性生产的地理状况也已通过系列自由贸易协定而改变，例如关税和贸易总协定（1947年开始）及其继任者世界贸易组织（1995年正式成立）以及许多新提出的诸如跨太平洋伙伴关系协议（TPP）。这些似乎都表明地区价值体系之间的差异正在消失，我们现在比以往任何时候都更接近于一个全球统一的价值体系，甚至有可能出现一个更安全的世界货币体系来代表它。但是中国仍然没有获得世界贸易组织下的市场经济地位的事实也告诉我们，这一过程尚未最后完成。此外，世界各地都掀起了针对自由贸易协定的抗议浪潮，这表明反全球化运动正在积蓄力量。

以最近炒得火热的跨大西洋贸易和投资伙伴关系协

议（TTIP）以及TPP为例，就TPP而言，该协议是美国和日本专门设计的，旨在限制中国和欧洲公司在亚洲争夺市场的能力。只要看看TPP协议12个预期签约国的基本经济数据，这项协议的真正特征就会显露出来。潜在的签约国主要是美国、日本和加拿大等七国集团中的主要经济体。这三个国家加上澳大利亚就构成了潜在签约国全部国内生产总值的90%。而参与该协议的发展中国家——墨西哥、马来西亚、智利、越南和秘鲁——仅占8%。TTIP和TPP是美国试图创建的一个特定的价值体系，这一体系将遏制美国在全球贸易体系中地位下降的趋势，由此抵消美国国内疲软的经济增长和盈利能力。在1985年，TPP国家占世界GDP的比例达到54%，但在2014年该比例下降到了36%。1984—2014年，美国占全球GDP的比重从34%下降到23%。也是在该时期，美国在世界商品贸易中所占的份额从15%下降到11%。因此，TPP不是一项伟大的自由贸易安排，而是一系列发达经济体拉上几个发展中国家来排斥其他国家的协议，因为这些发达经济体在世界GDP中的比重大大下降，而美国在其中发挥着主导作用。当然，即便这份协议能带来好处，这些好处也不会归于劳动者，因为正如马克思所说，“余额，同劳动和资本之间进行交换时通常发生的情况一样，总是会被某一个阶级装进腰包”。欧元区创建单一价值体系和单一货币的行动也有类似效果。德国资本在其中占主导地位并攫取了最大利益，而希腊、意大利、葡萄牙和西班牙则被系统性地剥夺了价值。美国现在宣布退出 TPP，这给中国创造了建立中国主导的价值体系的良机，由此来填补美国后撤所留下的真空。

随着空间垄断竞争在物质和政治上的衰落，其他形式的垄断开始重新获得关注。自 19 世纪下半叶以来，拥有巨大市场的大公司成为资本主义的一个重要特征，但空间障碍的逐渐瓦解意味着公司力量的重点从国家层面转向全球层面，尤其是在 20 世纪 70 年代之后。20 世纪 60 年代，美国的垄断力量指的是底特律的三大汽车公司。保罗·巴兰和保罗·斯威奇在 1966 年出版的经典作品《垄断资本》意识到需要有新的价值理论，但其对美国公司的分析依然局限于其国际化扩张的叙事中。在那些年代，美国劳动者（实际上是所有主要国家的劳动力）在很大程度上都免受外国的冲击，只有少量移民构成了对本国劳动力的轻微威胁。实际上，每一个大的民族国家都是一个独特的价值体系，通过资本控制来确保对自己经济的主权。但这种垄断地位在20世纪80年代遭到激烈挑战，例如外国汽车公司（德国、意大利、日本、韩国以及现在的中国）开始进入美国市场，而美国公司也开始在中国和其他地方建立工厂。在农业（孟山都公司和嘉吉公司）、能源行业（七大石油公司）、制药（拜耳、辉瑞）和电信业，也都可以看到类似的从国家垄断到全球垄断的转变。此外还有新涌现的垄断企业如谷歌、亚马逊和脸谱网，资本通过专利、许可证和法律等全球体系将本应作为世界公共品的知识变成私有。例如，目前世贸组织框架内的贸易相关知识产权协定就是要支持和确保知识为资本所用。

马克思在《哲学的贫困》中指出，竞争必然导致垄断，因为资本主义竞争世界也遵循达尔文"优胜劣汰、适者生存"的规律。马克思在《资本论》中又进一步将这一过程描述为"资本集中规律"：受信用体系的发展推动，资本集中的速度要远远超过企业简单的集中和规模增加的速度。[15]规模经济对于提高生产效率的重要性达到前所未有的高度。资本为了获得这一规模经济优势而疯狂追求集中和扩张。大型公司成了市场上的鲨鱼，上演了大鱼吃小鱼的游戏。[16] 20世纪80年代世界股票市场的统一更是让这一集中的势头走向全球。

自20世纪80年代中期以来发生的技术和组织创新浪潮已经彻底变革了区域价值体系。由于关税和其他贸易壁垒的减少和消除，运输成本以及协作时间大幅下降，加快生产和流通成为当今资本主义时代的普遍追求。全球生产链的形成让跨境生产组合大行其道，例如由美国公司提供设计、组织和营销，再由墨西哥的低成本劳动力工厂生产。这一组合也可以是在德国设计而在波兰生产。[17]墨西哥和波兰在此过程中获得了某些好处，但获益最大的还是美国和德国的企业，尽管美国和德国的工人不得不与外国劳工竞争，发达国家的工人并未从这些产业重组中获得任何好处（或许除了更便宜的消费品）。但产业重组大部分是区域性的，跨国生产也往往是在相邻国家之间，为此北美自由贸易区和欧元区这样的组织就成了资本绝对空间的制度表现形式，体现了全球产业链变化中相对时空的构建。大部分所谓的全球化跨国贸易实际上是区域贸易（例如中国对东亚和东南亚的贸易以及英国和欧洲之间的贸易）。正是以这种方式，技术变化变成了确定和重构地区价值体系的重要因素。

由此我们就可对价值体系的地理配置中自然和人性中的“无偿馈赠”的作用进行简要分析。这些免费馈赠是资本不支付任何成本（或最低成本）就可加以利用的使用价值，这些使用价值有助于剩余价值的生产。这些免费馈赠在地球表面的分布并不均匀。由于各种自然资源以及具有文化特征、技能、体制安排和适应能力的人口分布不均，因此资本将其纳入资本增值、实现和分配的运动时，也为资本积累创造了地理优势不均的世界。各地不同的区域价值体系往往有着当地文化习俗和习惯偏好的支撑，本地居民往往对当地文化习俗极为推崇和认同，即便并未在表面上形成强大的民族主义情绪。正是在这些地方，资本对价值的定义与本地文化发生冲突或慢慢渗透到伦理、宗教、文化或种族遗产等传统价值观念中。

自然和人文的无偿馈赠不是一成不变的，资本主义会对其潜在的使用价值进行评估。所谓自然资源，并不是说这些资源生来如此，而是人类对大自然所能提供的经济、技术、社会和文化等要素的评价结果。曾经有一段时间，工厂必须靠近水源，但蒸汽机的发明使得资本可以摆脱这种地理限制。在核能应用之前，铀是无关紧要的资源，稀土在新技术兴起之前是无足轻重的资源。20 世纪 70 年代以前传统工业的熟练劳动技能随着技术的发展而变得无足轻重，因为现代技术已经可以让机器和自动化替代许多人工。文化喜好对某些消费主义的演变至关重要，全世界消费者对于地位、阶级和品位的热烈追求支撑了世界消费主义。正如前文指出的那样，需求和欲望的产生是资本历史上的重要一环，如果没有欲望，资本就会消失。为资本积累提供无偿馈赠的大自然和人性既不是自然而然的，也不是亘古不变的。它们在世界各地的分布也不均匀。它们是被生产出来并不断变化的，资本本身在其生产中发挥着非常重要的作用。结果不是全球同质化，而是区域多样化。例如

“气候和社会发展水平不同，劳动力的实际价值也就不同；它不仅取决于身体需要，而且也取决于成为第二天性的历史上发展起来的社会需要”。[18]

在土地中，固定资本投资也经过长期摊销而成为这种“第二天性”的一部分，而文化发展也无法免受资本积累的影响。企业家精神是创造出来的而不是天生的，其分布也跟创造第二天性的投资那样分布不均。当然，指出这些因素在形成特定价值体系中的重要性并不是迎合物质或文化决定论，而是要展开对资本积累与自然人文地理环境变迁之间的辩证关系的讨论。

不是所有赠予都是良性的——干旱、洪水、飓风、地震和火山喷发等自然灾害，以及革命、宗教纷争和文化战争、民族主义对抗和反移民运动等社会运动，是资本积累与自然人文环境复杂关系中最引人注目的意外现象或复杂问题。更为隐蔽的过往投资形成的地理惯性的力量也不能被完全忽略。资本可能更喜欢绿地模式（greenfield sites）以避免老旧的电力网络和老化的基础设施。例如在工业革命的早期阶段，工业资本就有意避开了商业资本盘踞的诸维奇和布里斯托等地，而是选择伯明翰和曼彻斯特这样的乡村另起炉灶，由此避免触碰城市里行业公会有组织劳工的势力以及把持着当时市政权力的保守商业资产阶级。在当今世界，非生产性劳动的增加和政府监管的加强会更加明显地对资本主义的发展前景产生负面影响。因此，国家机器为了推动城市经济和本地创业往往给会提供财政补贴，对投资者许下改善基础设施的承诺，并对他们所负的环境和社会责任只进行“轻度监管”。同时，反价值机构的发展以及生息资本的流动也有赖于通信设施的完善和轻松的监管环境，因为只有这样它们才能在较少约束的情况下蓬勃发展。[19]无论在世界任何地方，不同形式的资本积累都要面对自然人文环境中积极和消极因素的纠缠。

马克思在分析租金差额时遇到了这些问题，因为租金首先是自然的馈赠。肥沃或位置优越的土地能为所有者带来较高利润率从而形成优势，这些优势相对持久（因为土地是自然垄断的，所以没有竞争对手可以转移到他们的场所[20]），尽管某些地理位置以及相对空间位置会随着交通设施的投资而发生巨大变化。这些优势土地的超额利润常常通过地租的形式被地主征走。这就产生了在使用价值禀赋不均的世界中使得企业之间的利润率趋于平均的效果。在马克思看来，这也是为何在资本主义条件下，封建地主继续占有土地租金也是正当的。

地租的差额也可以被积极创造出来。通过加大对土地的投入也可有效提高土地的租金。以前不存在的竞争优势可以在土地上生产和创造出来，作为资本的特殊使用价值和来自“第二天性”的无偿馈赠。

我所说的资本第二阶段和第三阶段循环，即对资本积累的物理和社会基础设施的长期投资，则提供了一个基本机制，让资本可按照其自身要求在特定的历史时间和空间点上构建起必要的物质和社会条件。[21] 运用资本来建设这些基础设施是一件复杂的事情，不仅要求有完善的信用制度，也需要国家在组织、融资以及其他形式上的参与。在此过程中产生了完全不同的时间循环并叠加在资本价值运动示意图之上（见图 7–1）。

最终产生的结构可以长期存在并对价值体系的形成和维持产生持久和重要的影响。城市规划师奥斯曼男爵所设计的巴黎大道（还有他的污水和水处理工程以及布洛涅森林等公园）持续到了今天，罗伯特·摩西在 1945 年之后对纽约大都会区的改造作品也留存至今。美国对高等教育的投资以及对高校科研能力的加强让美国形成了至少横跨两代人的竞争优势，同时也以非常独特的方式塑造了美国的价值体系。近年来，中国对高等教育的大量投资在未来可能会取得同样的效果。

对社会和物理基础设施的投资不可避免地导致了资本向相对优势的地区集中。自然和人文的免费馈赠需要被生产出来才能为资本所用。贫困地区越来越穷，而富裕地区通常会变得越来越富，除非发生某些危机打破了地区价值体系不平衡发展背后的资本循环和累积过程。即便在最初投资被收回或消费基金被赚回之后，富裕地区的优势还会长期存在。美国对高等教育的早期投资使得美国可应付 20 世纪 70 年代以后制造业的空心化，谷歌、微软、亚马逊等互联网高科技公司迅速成为新的全球主宰，尽管与历史一样，获益的依然是资本而不是劳动。

即便在马克思的时代，不同价值体系之间的关系也是倾向于酝酿危机。“危机也许首先是在英国，在这个提供信用最多而接受信用最少的国家爆发，因为支付差额，即必须立即结清的各种到期支付的差额……尽管总的贸易差额对它来说是顺差。在英国以金的流出作为开端并且伴随这种流出而发生的崩溃……现在轮到另一个国家了。”随后贬值的成本被强行返回给最初的国家，“首先是输出贵金属；然后抛售委托销售的商品；输出商品，以便抛售这些商品，或凭这些商品在国内取得贷款；提高利息率，宣布废止信用，使有价证券跌价，抛售外国有价证券，吸收外国资本投到这些已经贬值的有价证券上，最后是宣告破产，以抵偿大量债权。”[22] 在 19 世纪，英国面临资本过度积累的问题，后来通过借钱给阿根廷修铁路并使用英国制造的剩余设备才解决了这一问题。这样的顺序是显而易见的。但马克思在此默认的假设是，我们需要研究和理解全球经济中不同价值体系之间权力关系的波动。

马克思时代与当今时代的巨大差异在于，现在危机的表现并不是黄金外逃（尽管确实会发生），也不能通过运输贵金属得到解决，尽管国际收支不平衡依然是全球不稳定的重要根源。现在危机的解决通常是由国际货币基金组织提供贷款，然后要求接受国采取严厉的财政紧缩措施。世界贸易量萎缩或贸易关系平衡不稳定造成的恶果要比以往任何时候都严重。世界贸易量的萎缩现在被公认是全球危机的清晰预兆，除非我所称的“国家金融枢纽”（由美联储、美国财政部和国际货币基金组织以及其他各国央行构成）能妥善处理全球贸易中的美元平衡问题。在金本位被废除之后，我们现在生活在全球金融和商品市场危机随时会爆发的世界，只有通过不断的人为操纵和管理才能苟延残喘。当然我在此不是要呼吁回到金本位，回到金本位只会造成更大的灾难。

毋庸置疑，现在必须要思考区域价值体系之间的相互影响和相互联系。在过去的40多年，各地的价值体系在劳动力市场行为方面越来越趋于一致，这也是不容辩驳的事实。我们现在比以往任何时候都更接近于一个全球性的劳动力市场。各地中产阶级人群的需求欲望趋于同步，这一点也是不可否认的。但目前各种不同价值体系走向完全同质化还有很长一段距离。然而正如马克思主义的辩证命题所经常主张的，其中也不难发现抵制价值体系解体、分散和实现的力量，这使得各地价值体系的普遍性和特殊性或能永远存在并内化于价值规律本身。

世界上永远不可能有一个放之四海而皆准的价值体系，也无法避免资本在世界范围运动的历史唯物主义实践。资本会利用和构建差异性的地理环境，在这些环境中形成对社会劳动的理解、运用和衡量。地理差异和不平衡的地域发展是资本需要面对的两大特征。普遍性的世界货币在空间运动过程中遇到了完全不同的增值机会以及价值实现条件，这不仅是因为需求和欲望的差异，还因为存在着各地支付能力的差异。虽然竞争（甚至是垄断性竞争）可能有助于平衡这些差异，但在其他情况下，竞争却会创造地理差异。固定资本投资和建筑环境投资会直接造成世界各地土地和房地产租金的差异。[23] 这导致了世界舞台上各地、各区域和各经济区之间的竞争加剧。在全球经济中营造替代空间成为资本运动的主要特征之一，尽管这一特征常常被忽略。

现在，要想定义或识别区域价值体系可不是一件容易的事。世界上各个国家以及欧盟或北美自由贸易区这样的国家组织的绝对时间和空间肯定对价值体系有作用，从近期各国对世界经济版图重构的地缘政治角力就可看出端倪。然而即使北美自由贸易区的基本组合是美国技术搭配墨西哥低成本劳动力，也不排除使用中国的配件或非洲的原材料，然后在墨西哥完成产品的制造并最终在美国市场销售。全球价值链的复杂性越来越高，这给所有经济活动都加入了相对时空维度，即便商品在海关滞留的过程中经济活动也不会停滞。然而对于普遍价值，即相对时空中凝结的非物质但客观存在的价值，却可能对区域价值体系发挥决定性的作用，即便政治经济权力依然集中在某些关键节点上，这些节点存在于复杂的网络、实物商品流、信息、知识和声誉影响中。区域价值体系可以有不同的规模，即便在国家范围内各地的价值体系也不同。美国西海岸的所谓日落地带与美国的传统工业“锈带”显然有很大不同，西班牙的加泰罗尼亚和安达卢西亚有着明显的差别，正如德国的汉堡和巴伐利亚有着显著差别。区域价值体系是各种权力交织形成的不稳定和变动的体系，即便缺乏明确的定义，这些体系也有着强大的影响力。

我们对资本空间和时间的探究是从价值运动规律开始的，价值运动规律的产生在于资本的天性就是要征服和构建世界市场。但在梳理了这些规律必然会发生作用的相互矛盾的领域后，我们现在看到，资本的天性也包括要打破世界市场的均匀性、同质性和超感知理性，将其变成数量众多潜藏危险和互不相容的碎片空间，这些空间存在着异质性、差异性和地理发展不平衡，尽管人类血腥发展史上已经有太多的疯狂和灾难。在研究世界大国地缘政治角力时，这样的视角有着重要的意义。资本主义的地缘政治史始终肮脏（并且依然如此）。[24] 时空中特殊价值体系的创造对于历史地理学有着微妙的作用。但是出于种种原因，马克思本人以及后来的传统马克思主义者都未能对价值理论的这一方面展开深入研究，自 20 世纪初就帝国主义以及殖民主义和新殖民主义如何形成资本主义世界体系的理论进行探讨以来，所有后来者的研究都不过是在此基础上的修修补补。[25]

MARX, CAPITAL AND THE MADNESS OF ECONOMIC REASON

第九章

经济逻辑的疯狂

当作为价值载体的商品被最终消费后，价值就退出了循环，因此也不再是经济进程中的因素。但是这种消失取决于价值从商品形式到货币形式的转换，而货币可以永久留在循环中。马克思曾指出，在货币条件下，人们对货币的追逐变得疯狂，这种疯狂又变成了经济因素和人们日常生活的决定因素。[1]日常生活被金钱的疯狂所绑架，但这疯狂的原因在哪里？

从商品的角度来看，交换价值“只是利益的转移”，因为商品生产的直接目标是满足社会需求，用于交换的货币只是用于促进交换。但在资本和剩余价值生产中，货币的作用就截然不同。价值“增殖和保存自己已经合而为一，它能保存自己，只是由于经常地越出自己在量上的界限……发财致富就是目的本身。资本的合乎目的的活动只能是发财致富，也就是使自身增大或增殖”。作为财富衡量尺度的货币“是一种不断要超出自己的量的界限的欲望：是无止境的过程。它自己的活力只在于此；它只有不断地增殖自己，才能保持自己成为不同于使用价值的自为的交换价值”。这也是资本主义条件下的货币与资本主义之前时期各式各样的货币的区别所在。“货币作为货币额，是用它的量来计量的。这种可计量性同货币必然追求无限量的特征是相矛盾的。”[2]货币无法被遏制或限制。

这就是黑格尔所说的“恶的无限过程”。这种形式无穷无尽，看不到结局，就像上帝的智慧超越了人类的全部理解。数字序列是其范式，但对于每个数字，总是有一个更大的数字在前面。世界的货币供应离开了黄金的制约也就变成了恶的无限过程。它只是一组数字。当代资本主义陷入无限积累和复合增长之中。根据马克思的解释，韦恩·马丁提出：“资本主义本质上是以不可预测的无限性为导向并以资本本身为取向。”[3]只有让中央银行不断给货币供应量加上零，即现在的量化宽松，才能产生足够的货币应对人们对价值扩张的无限需求。这是无穷无尽的螺旋，迟早会彻底失控并导致暴动。以前我们的货币最大单位是百万，现在动辄十亿甚至万亿，毫无疑问我们未来将以兆亿美元为单位衡量货币总量，这是超乎人类理解范畴的天文数字。

黑格尔所说的“善的无限过程”则是循环，好比梅比斯环或埃舍尔楼梯，运动可以永远持续下去，但是所有的事物都可预先计算并知晓。在前两卷《资本论》中，马克思用很长的篇幅描述了资本的简单再生产，似乎他也想探索一种在非资本主义、无资本积累情况下有可能发生的良性循环再生产模式。但问题首先出现在剩余价值的生产以及永远扩张的必要性上，这就要求从闭环式的无限循环转变到无止境的积累。正是这种转变迫使资本永远追求“不可实现的无限”。使用价值虽然明显受限于物质，但正如我们所见，也不可避免地会陷于疯狂。现在人们“要使享乐达到想象中的无限的程度”，而另外许多地方则是无限的浪费，目前地球环境的日益恶化就清晰显示出人类的消费无度。[4]

在《资本论》第三卷中马克思揭露了这一疯狂的另一面。生息资本被认为是“每一种疯狂形式之母”。[5]在这种情况下，货币回到了商品的属性，但其使用价值却可无限量地借给他人以产生剩余价值，利息是其交换价值，这样，作为价值代表的货币本身就获得了货币价值。利益从一开始就是一种“非理性表达”，结果是“荒唐的矛盾”，其中资本的内在倾向表现为外在的资本的强制执行，[6]反价值开始接管。当生息资本流通（股票和债券持有人的权力）成为推动价值运动的主力时，资本的拜物特征和这种资本拜物性的体现已经完成了。[7]

经济逻辑的疯狂被金钱的拜物性所掩盖，似乎具有永久赚更多钱的神奇力量。我把我的钱放在储蓄账户里，然后我不需要做任何事情，钱就能以某种速度不断复合增长。

但马克思又指出：“要在理论上从资本价值的自我保存过渡到它的增殖……这对于经济学家先生们来说是极端困难的。”[8]我们对世界的了解被资本主义经济逻辑的疯癫绑架了，资本主义经济逻辑不仅为资本无限积累寻找理由，而且还积极推动无限资本积累，此外，资本主义经济逻辑还假定经济增长可以和谐发展下去并让社会全体成员享受福祉的改善。经济学家从来没有直面“恶的无限过程”这一问题，因为无止境的复合增长最终只会导致贬值和破坏。

相反，他们却为资产阶级的美德唱赞歌，认为是资产阶级扭转了历史进程使之为财富服务。[9]他们始终不愿意回答这样的问题：危机是不是资本主义的内在问题。他们认为，危机是天灾或由人为失误和误判（特别是那些可归因于错误的国家干预的危机）造成的，危机只不过是自由市场资本主义这台完美机器在运转过程中的波折。资本主义经济学家认为，资本主义机器本身是完美的。遇到危机时，经济学家就会高呼“按照教科书进行生产，危机永远不会发生”。“辩护论者为否定危机存在而提出来的每个根据，都是仅仅在他们想象中被排除了的矛盾，所以是现实的矛盾，所以是危机的根据。用想象排除矛盾的愿望同时就是实际上存在着矛盾的一个证明，这些矛盾按照善良的愿望是不应该存在的。”[10]现代经济科学应该不是自相矛盾的。

正是在这种情况下，马克思决定将他的研究和工作投入对资本主义政治经济学和疯狂的经济逻辑的批判中。在这个过程中，他越来越深入地发现资本主义思想体系和政治纲领中的非理性和“疯狂形式”，这些思想和政治纲领还大言不惭地说要引导人们的日常生活走向美丽的乌托邦。

但马克思揭示出：资本运动的矛盾规律只是为了服务资产阶级及其追随者，而损害了全人类的利益，因为资本主义意味着对生产过程中工人活劳动的剥削、意味着人类日常生活可能性的减少以及让社会关系蒙上层层债务。

马克思所发现的资产阶级经济逻辑的疯狂，现在由于价值与货币代表形式之间的日益脱节而进一步放大。因为现在的货币完全跟任何物质基础（例如作为商品货币的金银）脱钩，各种理想的货币符号（如美元、欧元和日元等）也越来越开始被普遍接受为信用货币，为此就更容易受到人为判断的影响，任何掌握权力的人都可滥发或操纵货币。“货币从它表现为单纯流通手段这样一种奴仆的身份，一跃而成为商品世界中的统治者和上帝”，而且货币可以被特定的个人所控制。货币是货币所有者对他人劳动的权利主张，就像债务是债权人对他人未来劳动的主张。货币“赋予个人对于社会，对于整个享乐和劳动等等世界的普遍支配权”。[11] 自马克思的时代以来，这种货币权利主张与支撑这些主张的真实价值之间的差距不断扩大。如果现在人人都跑去银行把自己的储蓄提出来，那么可能要开动印钞机数月甚至数年才能满足社会对货币的要求。全球外汇市场每天的交易额高达 2 万亿美元。

但这只是当代金融现象的冰山一角。自 20 世纪 70 年代以来，信用货币——资本本身产生的反价值形式——开始膨胀（见图 9–1）。[12] 这些信用货币的流动首先是让资本分配变得更加顺畅。但资本分配环节越来越表现得像个黑洞，大量的价值以债务赎回的名义消失，没有任何再度出现的保证。银行间贷款创下历史新高，金融机构与央行的借贷规模也是如此。长期以来，银行一直借给各国政府钱，然后政府征税之后还债。但现在国家征收的税也用来救助濒临倒闭的银行。现在主要发达国家的债务越滚越大，几乎看不到还清债务的可能。大部分的国家税收收入用于还债，这在资本分配领域已是常态。另一方面，来自国家支出的大部分有效需求却是虚拟资本（反价值），这是信用体系产生的用来借给国家的。对未来价值生产的主张不断增加。

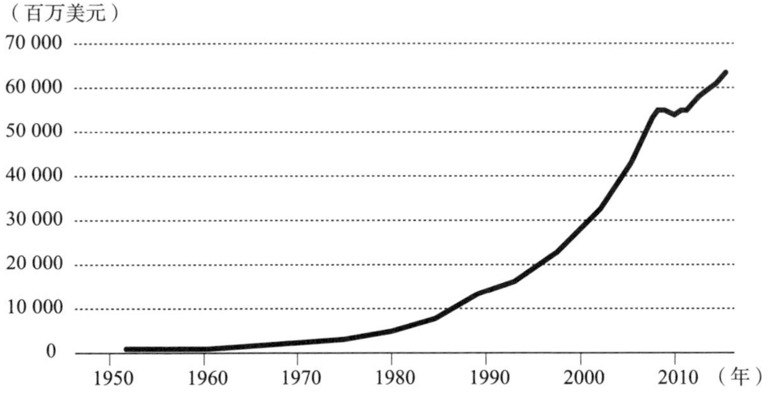

图 9–1 美国公共部门、企业部门和家庭部门的债务增长

资料来源：美联储圣路易斯分行。

随着消费信贷的发展，每个人（包括工人和学生）都能获得消费者信贷（其中一些是掠夺性的）。资本想方设法让大家都沉浸在“无限消费”的幻想中，信贷也流向土地和房地产所有者。这不断推高了租金和其他资产价格，让人觉得似乎房地产价格可神奇地一直上涨。商业资本家和工业资本家也大肆借款，尽管反价值的力量可能会在未来某个时刻摧毁其产业。所有在金融机构储蓄的人，无论是商人、地主、国家还是普通人（包括工人阶级中有余钱的人），都无一例外期待获得回报率。

马克思看了虚构资本形成和资产投机的重大影响，同时也批判了背后疯狂的经济逻辑。马克思十分明白，这些分配关系构成了重大的“经济因素”并影响着人们的日常生活。但如大家所知，这是资本主义最为隐秘的领域，无法简单总结或给予浅显的说明。

但这种“无限”也不局限于信用货币。它对使用价值和价值生产也有影响。“资本是力图超越自己界限的一种无止境的和无限制的欲望……资本作为资本创造的是一定的剩余价值，因为它不能一下子创造出无限的剩余价值；然而它是力图创造更多剩余价值的不停的运动。剩余价值的量的界限，在资本看来，只是一种它力图不断克服和不断超越的自然限制即必然性。”[13]

资本主义经济史就是一部疯狂的行动史。请看以下惊人但完全真实的具体数字：1900—1999 年，美国消耗了 45 亿吨水泥，但 2011—2013 年，中国消耗了 65 亿吨水泥。在两年多时间里，中国人的水泥消耗量比美国在整个 20 世纪的水泥消耗量多出了近 45%（见图 9–2）。[14] 居住在美国的人在人生中已经见到了太多的水泥被消耗。但中国发生的事情却是超乎寻常的。中国在水泥使用规模方面是人类前所未有的。这引发了许多令人担忧的问题。这会造成什么样的环境、政治和社会后果？这似乎是彻头彻尾的疯狂。这是马克思所说的“无尽的想象”吗？

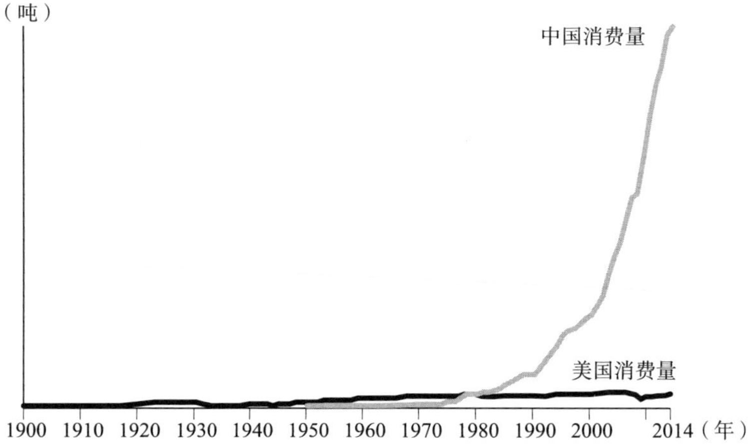

图 9–2 中国的水泥消耗量

资料来源：改编自《国家地理》原图。

水泥用于建筑。这意味着中国在建造环境、城市化和其他基础设施（交通设施、水利大坝、集装箱码头和机场）方面进行了大量投资。被大量消耗的不仅仅是水泥，钢铁生产和消费也出现了明显扩张。近年来，中国占了全球钢铁产量和使用量的一半以上（见图 9–3）。为此中国需要进口大量的铁矿石来炼钢，铁矿石则来自遥远的巴西和澳大利亚等国。许多诸如铜、砂土和各种矿物质等材料也在以前所未有的速度消耗着。在过去几年时间里，中国对世界主要矿产资源的消耗量已经占了全球消耗量的至少一半（有时甚至达到了 60% 或 70%）（见图 9–4）。

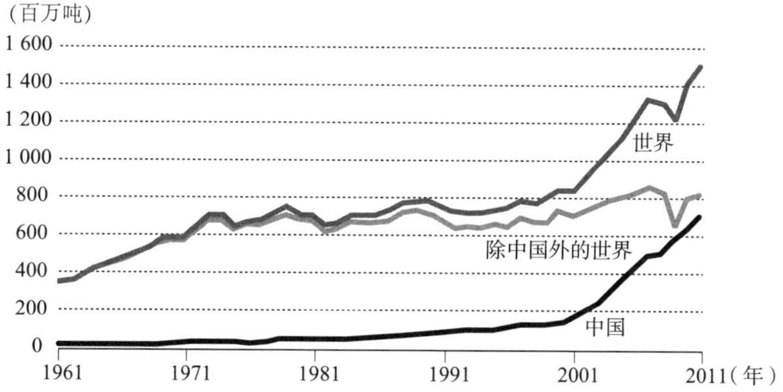

图 9–3　世界钢铁消耗量

为此，原材料价格近年来一直在上涨，直到最近才有所回落。采矿活动也一直在加速。从印度到拉丁美洲到澳大利亚，整片山地为了采矿而被挖空，由此造成各种政治、经济和环境危害。中国城市建设和基础设施的巨大扩张带来了许多全球性后果。所有向中国出口原材料的国家都快速摆脱了2007—2008年的衰退，如澳大利亚、智利、巴西、赞比亚以及对华出口高科技设备的德国。

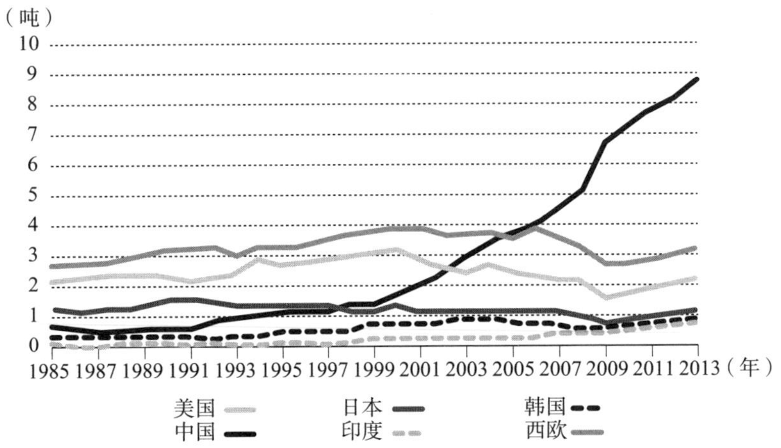

图 9–4　世界的铜消耗量

全球资本主义之所以能走出2007—2008年的危机，其中一个重要的原因就是生产性消费的持续增长。中国或许未曾料到自己竟然成了全球资本主义的救世主，但这就是现实。

为了解释危机如何发生以及为什么会发生，我需要对不同区域价值体系的地缘经济史做深入的分析。2007—2008

年美国发生金融危机，因为这场危机起源于美国但又影响到了全世界，所以这被视为一场全球性危机。此前还发生过 1997—1998 年的东南亚金融危机以及 2001—2002 年土耳其和阿根廷的危机，但这些都被认为是具体价值体系下的区域性危机。美国仍然是世界上规模最大和最具影响力的经济体，因此如果美国出现重大问题，势必会产生溢出效应影响其他区域的价值体系。另有一些证据表明，美国机构和政策制定者积极活动，让世界其他国家分担金融危机的负面影响（通过对国际货币基金组织等国际机构的控制以及利用美元的全球储备货币地位），以此来稀释危机在国内的影响。危机总是倾向于蔓延，但有了美国国家机构和政客的推波助澜，美国的危机很快就蔓延至全球。

2007—2008 年的危机最初只局限于若干地区。这场危机起源于美国南部和西南部，那里的房地产市场因为受到“轻松贷”和“次级贷”等金融支持而出现了大量的投机。自 2001 年美国股市高科技泡沫破灭之后，投机资金就开始涌入美国房地产市场（其他如爱尔兰和西班牙等地也出现了类似情况）。在那些年，世界到处都是过剩的流动性，而生息资本在实业的投资机会却不多。其中大部分资金都被吸收在房地产市场和原材料开采中，由此推动房价和大宗商品价格不断走高。当投机性住房泡沫破灭时，美国以及爱尔兰、西班牙和其他一些国家立刻出现了无法按时还按揭贷款的危机。

那些被银行收回住所又找不到工作的人不会再去市场上消费。美国的消费市场开始冰冻。中国则是美国消费市场上的主要商品供应国，结果就是中国出口额也开始暴跌。这是本地化危机走向全球的一个环节。其余的环节则是通过金融系统。金融机构重新打包了住房抵押贷款，然后作为投资收益率良好的资产卖给投资人，这些资产被认为是“像房子那样牢固”。但打包进来的许多抵押贷款其实是放给了没有还款能力的人。任何投资这些打包资产的人最终都会亏钱。大量购买这些债务的银行面临压力而不得不压缩贷款，包括对各地已经很谨慎的消费者的信贷。美国消费品市场疲弱进一步蔓延和深化。这样的螺旋式下降意味着全世界都可能陷入经济萧条。

2008 年，中国出口额暴跌 30%，大量在华南的工厂关闭。虽然中国没有提供准确的统计数据，但根据某些估测，大约有2000万到3000万人失业。中国政府对这种大规模失业所可能引发的社会动荡感到不安。两三千万的失业人群不容忽视，为此中国政府为了维护社会稳定决定放手一搏。

到2010年，国际货币基金组织和国际劳工组织的联合报告对危机造成的全球失业人数进行了估算。[15]美国的净失业人数大概是750万，而中国的净失业人数只有约300万。也就是说，中国在一年左右的时间里大概创造了至少1700万个岗位，或者该数字还远远低估了中国的成绩，这是令人震惊和世所罕见的表现。

那么中国是如何快速消化如此大量的剩余劳动力的呢？答案似乎是中国政府让所有部门都开足马力建设基础设施和大型项目。银行被告知要尽可能满足开发商的借款要求。在美国，当美联储和美国财政部在2008年向银行提供资金时，这些钱被银行用来核销坏账（所谓降低杠杆）甚至回购自家的股票。在美国，政府没有直接指挥银行的权力。中国的银行体系则不同。在中国，如果政府要求银行放贷，那么银行就会放贷。当然中国的银行实际上也是这么做的。在此过程中许多人的财富开始膨胀。突然之间，中国成了世界上亿万富豪最多的国家，仅次于美国。

中国大规模建设的资金大部分都是举债。中国的债务在 2007—2015 年翻了两番，到 2016 年，官方口径的债务占到了国内生产总值的 250%（见图 9–5）。债务必须扩大到生产和消费领域。家庭债务急剧上升（否则谁来购买所有这些新建房屋？），[16] 宽松的信贷推高了房价，房地产市场投机盛行。2016 年夏，全国住房价格同比上涨 7.5%，而主要的十大城市的房价涨幅更是高达 20%。[17] 同时，各省各市

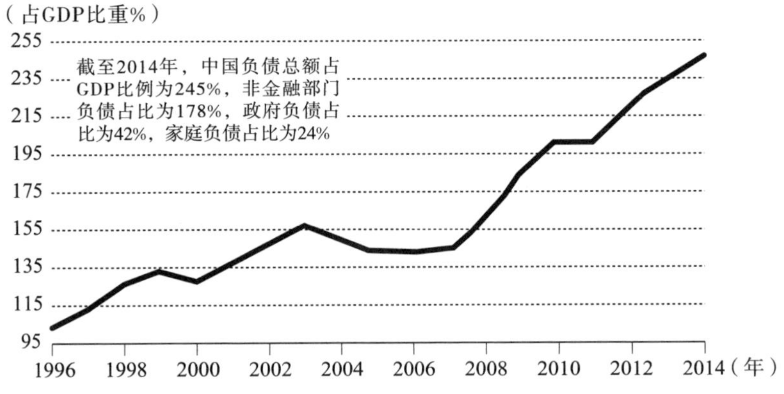

图 9–5　中国债务的增长（政府、企业和居民）

资料来源：摩根士丹利。

也拼命借款。在2014年时，关于中国债务的传言四起，说中国的影子银行系统和市政财政之中隐藏了大量的债务。[18]有关中国即将爆发金融危机的说法不时见诸财经报道。但中国的债务并不是以美元计价而是以自己的货币计算，因此不会发生国际货币基金组织介入或外国债权人干预的情况（如希腊的糟糕情况）。中国拥有大量外汇储备，因此如有需要，中国政府可以像以前的危急关头那样，用外汇储备来充实金融机构的资本金。

中国实际上是释放了反价值的力量，迫使价值生产向上逆行以尽可能多地吸收剩余劳动力。中国不是唯一一个这样做的国家。按国际货币基金组织的报告，自2007年以来，全球债务水平出现了巨大的增长，全球非金融部门债务现为152万亿美元，达到历史最高水平（占全球GDP的225%）。[19]美国是少数几个在2008年危机以后净债务减少的国家之一，主要是因为各级政府采取紧缩政策以及房屋融资下降。这导致有效需求疲软，因此使得经济复苏乏力。

自20世纪70年代以来的全球债务高速增长表明，全球经济增长在世界多元货币体系中越来越依赖于反价值的创造。许多债务可能是有毒的，只能不断创造更多的债务（如同庞氏骗局）。现在完全不知道要从哪里去创造这天量价值来偿付债务。

中国在环境建设上开展了大量的生产性消费投资，由此吸收了大量的劳动力。1/4 的国内生产总值来自房地产建设，另外还有 1/4 以上来自基础设施投资，包括高速公路、水利、铁路网以及机场等。全新的城市建成（其中几个“鬼城”还没有人口[20]）。随着国家高速公路网和高速铁路网的建成，国家经济空间布局更加紧凑，南北经济联系加强，内陆与沿海往来加深。这次中国政府几乎动员了一切可以吸收的剩余劳动力和潜在劳动力，尽管中国政府可能很早就想这样做（20 世纪 90 年代就提出过高速铁路网计划）。2007 年中国高铁里程为零，2015 年中国高铁线路总里程却接近 12000 英里（约 19200 千米），这无论如何都是了不起的成就。

但中国应对经济困难的方式却并不新鲜。第二次世界大战后美国的情况也是如此。美国经济需要吸收战争期间创造的大量生产能力并为大批退伍军人创造就业机会。当时美国的决策者知道，如果退伍老兵从战场上退下来之后找不到工作，像20世纪30年代那样，肯定会造成严重的政治和经济动荡，资本主义再生产将受到威胁。

美国政府采取的措施，第一就是通过反共产主义的麦卡锡主义来镇压所有对立的左翼思想。第二个面对的是剩余资本和剩余劳动力供给的问题，这部分是通过美国帝国主义、冷战和军国主义扩张（艾森豪威尔总统曾试图遏制的“军工体系”的崛起）来做到的。与此同时，美国还对物质和社会基础设施（如高等教育）进行了大量的投资。州际公路系统将西海岸和南部以新的方式纳入美国经济体系。洛杉矶在1945年只是一个普通的城市，但到1970年它已经成为一个特大城市。大都会地区完全重新设计了交通、高速公路和汽车，最重要的是郊区也实现了大发展。负责纽约大都会地区整体设计的天才规划师罗伯特·摩西重新定义了城市化的思想和实践，并对现代都市进行了重新设计。[21]全新的郊区生活方式（《脱线家族》和《我爱露西》等风靡一时的电视情景喜剧就在歌颂这种“平常生活”）以及各式各样的关于私人住房“美国梦”的宣传，让广大的人群开始构建新的需求和欲望以及一种全新的生活方式。有效需求必须要有高薪工作的支撑，此时在国家机器的调停之下，劳资双方达成了妥协，白人工人开始受益，尽管少数族群的利益受到了损害。在20世纪50年代和60年代，从许多方面看都是美国资本积累的黄金时期：经济增长率高，白人工人满意度也高。尽管在各大城市中的民权运动风起云涌，抗议非裔美国人和移民族群的贫困与边缘化，但总体而言，在大概15年甚至更长的时间里，美国用这种办法暂时解决了过度积累的问题。用美国旧金山联邦储备委员会主席的话说，美国通过兴建房屋并在屋子里填满东西就摆脱了危机。[22]但是正如2007—2008年金融危机所显示的，这最终也让资本走入了危机。

通过城市化来解决经济和政治问题的最早案例是在法兰西第二帝国时期的巴黎。[23]1848年的经济危机导致巴黎发生工人阶级和资产阶级革命。这两场革命失败后，路易·波拿巴（拿破仑·波拿巴的侄子，拿破仑三世）当选总统并承诺会使法国再次伟大。他于1851年12月在政变中获得绝对权力并于1852年称帝，随后他立即建立了一个间谍和秘密警察网络来监视和控制所有反对派。但他也知道，除非他能让工人回去上班，让资本有利可图，否则他的统治不会持久。他是圣西蒙乌托邦理论的信徒，为此他发起了由资本出资的公共工程建设项目并将奥斯曼带到巴黎负责城市的重建。资本和劳动力很快就各得其所并创造出新的林荫大道、公园、百货公司、自来水设施和下水道等。巴黎的日常生活变成了资产阶级消费主义之光，咖啡馆、音乐厅和城市风景（林荫大道上的时装秀）蓬勃发展。当我们在巴黎走在奥斯曼的林荫大道上、坐在街角咖啡馆或喝自来水时，我们仍然在享受当年城市转型的成果。

但是，罗伯特·摩西在 1945 年以后在美国所做的这些改造的规模和速度远远不及当前中国的变化规模和速度。

所有这些情况都有一个共同的根本问题：必须要建立新的信用机构和融资方式以维持建设，必须创造反价值来强制产生价值。在 19 世纪 50 年代，巴黎的信贷型银行变得更加突出。但在一定程度上，债务创造和对债务背后的价值的怀疑会成为主导。1867 年，巴黎爆发债务危机（路易·波拿巴政变 15 年后），这场危机不仅让投机金融机构倒闭，也让城市财政陷于崩溃，奥斯曼被迫辞职（就像百年后摩西在纽约被迫辞职），随后开始出现失业和动乱。路易·波拿巴试图用民族主义自救，却导致了1870—1871年的普法战争。他输掉了战争并逃到了英国。在战争之后普鲁士包围巴黎的时期，巴黎人民自发革命，这就是著名的巴黎公社运动，这是人类历史上最伟大的城市起义之一。人民从资产阶级和资本家手中夺回“他们的城市”，因为在人民看来资产阶级只知道抢劫和掠夺。劳动人民以及资产阶级革命派的欲望和需求在奢华无度的法兰西第二帝国的刺激下反弹了起来，他们试图创造一种不同类型的社会和城市。[24]但被逐出巴黎的法国上层社会联合了法国农村保守势力，对巴黎公社运动进行了血腥的镇压，大约有3万名巴黎公社社员为此牺牲。

通过快速城市化解决过度积累的问题是要付出一定代价的。在美国，20世纪30年代成立了新的抵押贷款融资机构和其他类似机构，但在1945年后国家干预的程度大幅提高（例如给退伍军人住房和教育优待的《军人权利法案》)。这套制度起初运作良好，但到1967年时就开始显露疲态，也差不多在那个时候摩西被迫辞职。随着“68 一代”① 对政治日益不满以及城市中心民权运动的兴起，整个城市化戛然而止。第一拨女权主义者将郊区视为禁锢女权之地，而“68 一代”则受到雅各布斯对摩西冰冷的现代主义风格批判的鼓舞，公然反对传统的郊区生活方式并对城市商业发展持批判姿态。“68 一代”的欲望和需求与前辈截然不同，要求不同类型的城市化和生活方式。最重要的是，房地产开发此后不久就陷入崩盘，最终导致了纽约市在 1973—1975 年的技术性破产（纽约拥有当时资本主义世界最大的城市公共预算之一）。[25] 美国在这一时期的严重经济衰退和资本主义重构也影响到了英国、欧洲大陆及北美其他地区，最终在全球范围内形成了一轮资本主义的新自由主义重组浪潮。[26] 重组导致债务累积和生息资本流通急剧加速，生息资本成为无限资本积累的主要动力。这造就了一种新的更加符合“68 一代”自由主义倾向的城市和郊区生活方式。

① “68 一代”主要指 20 世纪 60 年代末欧美各国学生运动、民权运动的主体，主要因为 1968 年连续出现了美国反战游行、马丁·路德·金遇害、布拉格之春以及欧洲大规模学生运动等事件，所以参与运动的人员被统称为“68 一代”。——编者注

2008年后，中国实际上复制了（可能无意之中）路易·波拿巴在1848年后在巴黎的行为以及美国在第二次世界大战后的行为（甚至包括对高等教育的投资）。但正如水泥消耗数据所显示的，中国的投资速度更快规模更大。规模和速度的这种变化与马克思对资本的描述是一致的，即资本会不断加快自身的使用价值和交换价值来实现再生产。

不只中国在试图借助大规模建设和开发这样的历史经验来解决现实的危机，土耳其也采取了类似的城市化扩张进程：伊斯坦布尔的新机场、横跨博斯普鲁斯海峡的第三座桥梁以及在北部开发可容纳4500万人口的城区。土耳其的每个城市都掀起了建设热潮，结果土耳其几乎没有受到2008年危机的影响（尽管其出口行业遭受了打击）。在2008年后，土耳其的经济增长率仅略低于中国。但也正如历史上常常出现的，这种高速城市化也导致了城市反叛（巴黎公社的微弱回响），集中表现就是2013年的伊斯坦布尔盖齐公园运动。海湾国家的宏伟城市化也吸收了大量的剩余资本，但中东建设的劳动力主要靠外来劳工。在北美和欧洲的主要城市中心，2009年后的房地产市场迅速复苏，但主要是面向富人的高档住房项目。纽约和伦敦的高端住宅市场迅速恢复活力，尽管两座城市的廉价住房投资严重不足。

现在我们可以回顾到底发生了什么。海湾地区的城市化进程看上去有些疯狂（无节制的浪费和无节制的消费），尤其是考虑到现在这个世界是如此缺少针对普通人群的投资。同样，纽约为富人和超级富豪投资建设高端公寓也是疯狂的，因为这个城市存在严重的房屋短缺危机，有6万无家可归者在街头流浪。印度的超级富豪在贫民窟之畔修建了堪比宫殿的奢华建筑，许多高端建筑物并没有人入住。走在纽约的街道上，看看这些高耸入云的高档公寓楼在晚上有多少个灯会被点亮。这些建筑不仅成了超级富豪的投资工具，也成了一些略有闲钱的人的储蓄手段。

当2016年中国的外汇管制还比较宽松时，一大批中国买家出现在纽约、温哥华和旧金山等地，这些中国买家并不是在寻找住所而是在寻找资产保值的方法。当2007年前爱尔兰热钱肆虐的时候，爱尔兰企业家也曾拿着钱跑到曼哈顿来买房。俄罗斯人、沙特人、澳大利亚人在有钱时也是如此。不仅亿万富豪在做房地产投资，中上阶层的人也在抓住一切机会投资房地产。工人的养老基金也用来投资于掠夺性的房地产开发计划，因为这是投资回报率最高的领域。在现实中很可能发生这样的情况：一个工人住在老房子中，然后他的养老基金投资了房地产开发计划，开发商最后把工人从老房子里轰走。[27]

资本建造了供人和机构投资的场所，而不是让人居住的地方，难道这还不够疯狂吗?

随着中国建设热潮的退却，过剩的水泥和钢铁产能就成了一个问题。全球原材料需求放缓，原材料生产国的贸易条件恶化。2013 年，巴西还是热钱钟爱的热土，到 2016 年，巴西却落入深度衰退之中。自 2014 年以来，拉美大部分地区的经济危机愈演愈烈，因为中国市场不再活跃，即便是向中国出口高科技机床和设备的德国也感到了需求不足。

资本通过持续运动来寻求其过度积累问题的“空间修复”办法，而且资本的运动速度不断加快。这是传统意义上的经济帝国主义。19 世纪英国的剩余资本和劳动力输出到了美国以及澳大利亚、南非和阿根廷。英国借钱给这些国家建造铁路和基础设施，建设使用的钢铁和车厢都来自英国。受援经济体的生产效率提升，按时付清了借款。这也是当今对外援助的基本模式。动态的资本主义规模效应在新的地区产生（例如英国对美国的输出或美国在中国的投资）。但如果采取帝国主义的策略来保护市场份额和遏制新空间的竞争，效果就不是特别好，例如英国对印度的殖民。因为这些没有产生互补性的全球增长，以邻为壑的政策在20世纪30年代酿成了全球经济大萧条。

通过空间修复方案解决过度积累问题是普遍的资本主义做法。日本从20世纪60年代末开始出口剩余资本，韩国在70年代末、中国台湾在80年代末也开始对外输出资本。来自这些国家和地区的剩余资本流向世界各地，但最终的流向是在中国大陆建立工厂。[28]

现在到了中国输出产能和资本的时候。钢铁产能过剩，那么该如何解决问题？国家希望通过关闭工厂来减少产能。但由于地方政府要保护就业和税收，因此关停产能总是很难。中国正在城市基础设施投资方面再度出手。中国计划创造可容纳1.3亿人口的城市群，这相当于英国和法国的人口总和。这个城市群将以北京为中心。投资将集中在高速交通和通信领域。[29]目前中国提出了三大城市化区域：一个以北京为中心，一个以上海为中心，第三个以广东省为依托。这些区域已经有若干百万级人口的城市存在。中国的地区发展计划似乎是寻求更高层次的空间关系合理化，由此在未来几年继续消化过剩的水泥和钢铁产能。

中国也以低成本方式尽可能多地出口钢铁产品。其他地方（例如英国）的高成本钢铁厂被迫关闭。有些国家在世贸组织投诉中国，指责中国是在世界市场上倾销受补贴的钢铁产品。如果中国想在世贸组织完全拥有“市场经济地位”，那么中国肯定有义务停止这种贸易。但中国也在以优惠的条件借款给其他国家，帮助这些国家修建铁路和高速公路等基础设施，例如中国借钱给东非买中国的钢铁产品修铁路，同时还把中国的劳动力带到东非，尽管东非当地并不缺少富余劳动力。中国在拉丁美洲也是如此。现在有中国企业建议在尼加拉瓜挖一条跟巴拿马运河相媲美的运河，也有建议修建从太平洋到大西洋沿岸的横贯南美大陆的铁路线。如果铁路建成，那么就有可能在一个半小时的时间内从利马港经陆路抵达圣保罗。有些设想其实早就在拉美国家存在，但在中国人之前似乎没有人认真对待这些设想，中国人说他们有很多水泥和钢铁，他们也有钱借给拉美国家买这些材料来建设基础设施。虽然海运依然有成本低的优势，但海运的速度也最慢，越来越不符合“时间就是金钱”的资本流通要求。中国也正在重振从国内出发经德黑兰到伊斯坦布尔的丝绸之路（并延伸进入欧洲），中国还规划建设经中亚联通欧洲的铁路网（一带一路倡议的重要内容）。[30] 还有一个项目是穿过巴基斯坦抵达阿拉伯海域的瓜达尔港，这一项目建设将吸收大量剩余资本并消耗大量钢铁。丝绸之路沿线的中亚城市已经出现繁忙的建设景象，与中国的贸易迅速扩大，或通过巴基斯坦更顺畅地连接海湾国家（避开拥挤且安全无保障的马六甲海峡航道）。一带一路必然意味着沿线国家与中国贸易的大量增加。

全球经济的相对空间正经历再一次革命（再一次！），这并非因为它是一个好主意或是主观需要，而是因为这是避免经济衰退和资本贬值的最佳方式。吸收剩余资本才是目的。马克思很清楚这一点："在获得货币的愿望之后，最迫切的愿望是，按照某种会带来利息或利润的投资方法，再把货币投放出去；因为，作为货币的货币是什么也生不出来的……寻找用途的货币就必然会周期地，在不同情况下多少不等地积累起来……为在普通投资部门找不到地盘的社会过剩财富的周期积累开辟出路。"[31] 这一具体案例的结果就是为世界不同价值体系的重建构筑了全新的空间关系物质基础。

当然，资本并非参与空间重组的唯一要素。大规模移民运动正使各地劳动力竞争格局开始发生变化。这种现象以前也有，但正如中国对水泥的消耗那样，这次劳动力的移民规模是空前的。不仅移民数量在增加，其质量也在发生变化。世界范围的劳动力竞争市场正随着交通和通信成本的下降以及资本组织技术和速度（而不是成本）的发展而形成，商品链的复杂化也在推动这一过程。劳资关系时间和空间的压缩产生了一系列政治压力和反应，这些压力和反应将导致反移民行动和狂热的民族主义沉渣泛起，或是更加开放包容的多元文化，这些力量的此消彼长将塑造人类的未来。

这些急速变化造成的压力无处不在，受影响的人都能有所知觉并采取行动。例如 2013 年 6 月 20 日晚，巴西各大城市一百多万人上街游行抗议，其中里约热内卢的抗议规模最大，参加人数超过 10 万人。巴西警方采取暴力行为控制事态。此前巴西各城市的零星抗议活动已经延续了一年多，但先前抗议活动是由主张学生免费搭乘公交的“自由通行”组织领导，因此并未引发关注。直到 2013 年 6 月初，巴西宣布公交系统提价，这引发了更广泛的抗议。当“自由通行”运动抗议者遭到警方暴力对待后，黑人社区无政府主义者等社会其他团体也站出来表示支援。截至 6 月 13 日，这场运动的性质已经变成了对警察暴力、公共设施落后以及城市生活质量下降的普遍抗议。巴西民众认为，举办世界杯和奥运会等大型活动耗费了巨大财力，这些活动损害了公众利益，却让腐败的建筑和房地产开发商利益集团大饱私囊，这种认识更加加剧了大众的不满。[32]

距离巴西的抗议活动不到一个月，成千上万的土耳其人也走上街头，最初引发抗议的是伊斯坦布尔要将盖奇公园改造成购物中心的开发计划，但很快土耳其各地的抗议就开始针对日益走向专制的政府以及滥用暴力的警方。土耳其民众对城市改造速度和方式长期不满，例如土耳其政府会迫使普通民众搬离城市的黄金地段来为开发商让路，这是出现抗议的主要原因。在伊斯坦布尔和其他城市，除了最富裕的阶层之外，其他社会阶层都正面临城市生活质量恶化的问题，这也是抗议的重要原因。[33]

比尔·凯勒针对土耳其和巴西的抗议活动在《纽约时报》发表了题为《上升阶级的反抗》的评论文章。他认为这种城市平民起义“不是由于绝望”，巴西和土耳其在全球危机时期都保持了不错的经济增长，这是“最近中产阶级的一系列反抗之一，抗议者是生活在城市里受过良好教育的人们，他们在某种程度上是他们现在所抗议的体制的主要受益者，他们上街是要承担失去一些东西的代价的”。“这不是普通的群众运动，这些抗议活动更加体现勇气、尊严、公民权利和义务等。”[34] 这些反抗活动意味着“新的异化和新的渴望”，这些需要得到回应。但无论是土耳其还是巴西都选择了镇压的方式（在土耳其则是猛烈的暴力手段），而不是积极回应。

那么何为“新的异化”，它又代表着什么？其实这种异化自1999年在西雅图首次出现反全球化抗议活动后已经呈燎原之势，这包括欧洲的各种抗议运动（西班牙的“愤怒者”游行以及希腊的宪法广场抗议活动），席卷埃及和叙利亚并向乌克兰蔓延的阿拉伯之春运动，发生在纽约和伦敦街头的各种“占领”运动，从苏格兰到加泰罗尼亚的独立运动，近期巴西右翼势力宣言，以及匈牙利、波兰和美国的偏右势力的上台，还有英国脱欧，这些都表明了人们对资本主义全球化的失望、不满甚至绝望。经济逻辑疯狂下的财政紧缩和自由市场经济似乎在政治领域也产生了同样的疯狂（或愤怒）。

在《资本社会的17个矛盾》①一书中，我曾提出，有三个矛盾会对当代资本主义的存续构成清晰和现实的威胁。[35] 首先是与自然关系的日益恶化（全球变暖、物种灭绝、水资源短缺以及环境退化）。其次是复合增长达到拐点，随着盈利投资机会的下降，这条扩张性增长曲线越来越难以持

① 该书已于2016年由中信出版社出版。——编者注

续，因此无限增加的货币资本，尤其是日益失控的信贷资本，会面临巨大压力。最后是我所称的“普遍异化”。尽管马克思在《资本论》中并未普遍使用这个概念，但这一概念却贯穿了马克思之后的《1844年经济学哲学手稿》，并在《政治经济学批判大纲》中成为重要论题。《资本论》中提出的劳动价值理论描述了劳动的异化，尽管马克思没有直接采用“异化”这一词汇，或许当时马克思认为该术语过于“黑格尔化”而难以吸引其目标受众（英国和法国的工人阶级）。但不提这个术语并不意味着放弃背后的逻辑。[36]

马克思所定义的价值实质上是异化的社会必要劳动。既然资本是运动中的价值，那么资本的流通就要采取异化的形式。那么这些异化又在多大程度上导致了目前所见的各种政治上的不满和绝望呢？

众所周知，异化持久地内化于资本增值过程中。创造价值的劳动者对于生产资料的占有、劳动过程的控制以及最终产品和剩余价值是疏离（异化）的。资本制造了这样的假象，似乎许多劳动和自然的固有能力（免费馈赠）都属于资本并来源于资本，因为是资本赋予其意义的。即便是劳动者的思想和身体功能以及在生产中运用的免费自然力量，也都仿佛是资本的附属力量，因为毕竟是资本在运用劳动者和自然界。因此要想获得资本的生产力和权力，对自然和人性关系的异化就是先决条件。此外，劳动生产率是由资本选择的技术所驱动，不仅要实现资本对劳动者的控制，而且要破坏劳动力在生产和市场中的尊严和主导权。除非能组织起来对抗资本的剥削，否则无意义的工作、不稳定的就业乃至失业以及低报酬就是劳动者的宿命。在世界许多地方，劳动异化都在不断加强和深化，因为资本正推动世界范围内价值体系的重构，通过技术变革、镇压有组织劳工运动以及全球化竞争来削弱劳动力量。失业以及就业不足和工作意义丧失成了技术和组织变革的副产品。某些人醉心于当代乌托邦理论，认为人工智能等新技术会解放人类，让人类进入消费主义和人人自由的新世界，这种想法完全忽略了因技术发展而造成的一切劳动的非人异化。一家制造工厂的关闭可能会对所在地方的社会关系构成不可逆的创伤甚至社区的消失。在这方面，马克思认为有必要做出区分，即被物化和被资本剥削的工人也可能会有被需要的感觉（从而保持一定的自豪和尊严），这有别于完全被异化、被剥夺和被抛弃的人。[37] 机械化和自动化的发展更倾向于导致后一种结果。丧失尊严和被尊敬的感觉与失去工作的感觉一样恶劣。

但这个问题还有其他层面。工人是以单个劳动者的身份去应聘和争取就业机会的。他们作为劳动力的拥有者准备把自己出卖给资本时，必须要宣扬自己的劳动素质同时贬低甚至诋毁其他应聘者的素质。工人之间的竞争使得彼此难以信任并破坏了阶级团结。这导致了各种碎片化，工人彼此疏远，当在劳动力市场中加入种族主义、性别歧视或宗教歧视时（资本总是喜欢对这些煽风点火），这种情况就会变得更加恶劣。劳动竞争加剧（在失业普遍和世界劳动力市场一体化加深的情况下）随处可见，这加剧了劳动力之间的分裂和紧张态势，这些都导致了不难想象的政治结果，尤其是对于那些因为去工业化而失去了传统社区的地方。唐纳德·特朗普在 2016 年美国总统竞选中就成功地利用了这些形势。

价值实现过程中的异化则大不相同，并且更为多样和自相矛盾。愿望和欲望的状态根源于经济上所说的需求。马克思真心诚意地认为，创造新的愿望和欲望是资本文明化的重要组成部分。[38] 想想人类平均寿命的变化，就会发现这种文明化过程确实是存在的，资本把各种使用价值都利用起来。人均寿命在资本主义发展初期只有 35 岁左右，现在世界上大多数地区的人均寿命都在 70 岁以上。资本可以制造使用价值的聚宝盆，从原则上说可以让人们形成非异化的社会关系以及人与自然的关系。这种可能性是摆在那里的。世界各地都可看到某些空间，人们试图在异化的汪洋大海中建立非异化的生活方式孤岛。人们虽然在生产过程中经历异化，却似乎可以通过日常生活中对使用价值的补偿性消费来弥补并不断提高生活质量。[39] 另一方面，军工体系、枪支社团以及汽车厂商等依然试图不断向社会总需求里加料，这些机构通过对国家机构的影响和强迫人们选择某种生活方式来创造出新的需求。这些究竟产生了多少社会福利是值得怀疑的。例如圣保罗这样的城市，以汽车行业为经济基础，但这座城里的车辆如此之多，每天马路上堵车都要好几个小时，然后停在路上的汽车不断喷出尾气污染环境并阻隔了社交活动。

那么这种经济合理吗？

如何处理汽车是我们这个时代的主要问题之一，谁也不想深入探讨（除了讨论通过智能城市技术来更好地管理交通流），但警示却无处不在。2016年初冬，中国长江以北的很多城市都经历了令人窒息的雾霾，机场关闭，交通拥塞。类似的事件也发生在新德里和德黑兰，甚至巴黎（不太严重）和伦敦。而污染最重的就是钢铁厂、水泥厂以及热电厂。

价值实现与消费主义的关系史与生活方式的变化史相重叠。美国的郊区和封闭小区建设或许避免了重蹈经济萧条的覆辙而拯救了全球资本主义，但与此同时也让住房选择不仅与物质（例如汽车和私人住房）相关，而且还与某种生活方式所对应的政治和意识形态（被称为“美国梦”）相关，这些其实是限制和禁锢而不是解放了人们的需求范围。工薪阶层“补偿消费主义”以及所有社会阶层对奢侈品的炫耀性消费并未给人类增加任何实质内容，换来的不过是铺张浪费。人类为了满足永远无法满足的渴求和欲望而疯狂追逐，所对应的就是资本生产永无止境的增长。尽管我们不能将所有新的需求和欲望都定义为异化，但也不难看出异化到处存在，在资本构建的消费主义盛行的社会里，某些地方和某些社会边缘化阶层的需求异化尤为明显。资本所承诺的美好生活与冰冷现实之间的鸿沟日益扩大。

如果资本流通因竞争压力加大而需要提速，那么消费也要相应加快，但我却仍然在使用祖父母留下来的刀叉。如果资本只是生产这样经久耐用的实用物品，那么很快就会陷入永久性危机。但资本演变出了诸如年限淘汰、广告投放和时尚潮流等策略，这些都可用来加速消费周期。以网飞（Netflix）原版影片为例，我在上面看一部电影并不影响其他消费者也在观看这部电影，我的消费时间只是个把小时，而我的刀叉却能使用 100 多年。为了让大家看到电影，资本对复杂通信基础设施进行了大量投资，现在这些投资已经从数百万付费观看网飞视频的消费者身上赚回来。毫不奇怪，现在资本已培育出所谓的“景观社会”，充斥着即时消费的快速产品，以此实现市场的不断增长。[40] 由此造成的社会后果有着深远和双刃剑式的影响。生活方式、技术和社会期望瞬息万变，这加重了社会的不安全感、恶化了代际紧张关系并让社会分化加剧。每个人似乎都在低头看自己的手机或平板电脑，而不是相互交谈。文化根源的意义变得飘忽，完全可以按照现代幻想进行重构。在短暂性和临时性碎片的海洋中，人们开始失去身份认知。因为资本要满足无限增长的需要，所以就需要制造出与之相对应的人和产品。从资本无限积累的角度看，这就是所谓“理性消费”的真实面目。

价值实现和价值分配的条件和位置与价值生产有很大不同。网飞原版电影可能在洛杉矶制作完成，却可以在全美国乃至世界的媒体市场上实现价值。我的电脑是由富士康在深圳生产的，其价值实现却是由苹果公司在美国完成的。富士康的利润率很低，而苹果公司则占有了大部分价值和剩余价值。这就是价值从一个空间到另一个空间的转移。[41] 这是否公平正引发越来越多的讨论。

投机资本也会在价值实现的时刻进行干预以获得远远超过其应得的价值。对冲基金往往会接管制药公司或者低价购买还不起按揭的房屋，经过重组包装后以超高的价格卖给有需要的消费者，此时价值实现就成了系统的有组织的掠夺式资本积累。[42] 如果今天你问美国人他们遇到的资本剥削问题，他们可能会说是信用卡收费，同时也可能提到房东、租金以及房地产投机者。他们可能也会提到电信公司乱收费，在账单上加上一些莫明其妙的项目，或说你在某某地方产生了漫游费，尽管你根本没去过那里。他们还可能提到医保公司、地方税以及交通费等，在价值实现环节存在大量的敲诈勒索（有时类似于抢劫）。关于价值实现的斗争无处不在，对此不满者也是俯拾皆是。

在价值实现环节攫取财富的政治斗争与价值生产环节的政治斗争不同，这种斗争很难进行理论化和系统组织。这不是资本与劳动的矛盾，而是资本与所有其他一切的矛盾，这是买卖矛盾而非劳资矛盾。中产阶级人群也是购买者，并参与了反对无良商家的斗争（例如“不要在我家后院”运动）。那么工人阶级是否应该与中产阶级结成联盟来对抗房地产投机者？这里牵涉到的政治跟资本增值阶段一样充满动荡和波折，尽管其结构完全不同并反映出不同的异化形态。1871 年的巴黎公社运动以及“68 一代”运动等社会革命都表明，一旦部分资产阶级变得激进化或被异化，感到无法实现自身的梦想和野心，那么他们也会像工人阶级那样勇敢地站起来斗争。但跨阶级的组织可能很难形成，即便形成也难以运作。愈演愈烈的掠夺式积累（首当其冲的就是近年来的房地产按揭贷款危机造成的损失）加剧了许多人群的绝望和不满。[43]

虽然资本在价值实现环节攫取了大量财富，但资本最贪婪的还是在价值分配阶段。再分配中最突出的现象就是，在世界大部分地区，劳动在国民产出中的分配比重越来越小，而且近年来劳动几乎未能从生产率的提高中获得任何好处。相反，劳动者却承担了失业以及因技术变化而导致的工作质量恶化等后果。随着国家机器和企业机构越来越官僚化和臃肿，越来越多的人从生产性部门转移到非生产性部门，由此也加剧了资本主义世界（仅有零星例外）的收入不平等和贫富悬殊，这更加剧了早已深入社会肌理的政治怨愤。[44]

但其他再分配的政治和机制却很不同，因此随之而来的异化情况就变得相当复杂，若要完全叙述清楚则需另行出书。商业资本家、金融资本家、房地产所有者和工业资本家等各资本派系有时候会相互协作，但同时他们也你争我夺，钩心斗角。虽然马克思所说的高利贷等做法已经消失了，但资本主义金融家却表现出“骗子和先知”的混合特征[45]，金融家掌控金融交易并让生息资本流通只为自己牟利。掠夺性贷款的做法普遍存在。这种贷款并不是为了促进价值的产生，而是要把生产者罗织在债务网中，最终借款者除了向贷款人交出财产外别无选择。这种伎俩在马克思的时代已经是众所周知，在《资本论》第三卷中常有提到。金融机构对工薪阶层放出掠夺性的高息贷款，随着近年来房地产价值的调整，某些财务脆弱的借款者几乎被洗劫一空。对国家的掠夺性高息贷款则往往导致国际货币基金组织强行要求借款国家进行结构调整，从而减少整个国家人口的福祉以偿还累积的债务（希腊的情况就是如此）。[46]曼哈顿法院对阿根廷的惩罚性判决结果（负责债务纠纷的法院在纽约，因为债务是以美元计价的）大大有利于那些“秃鹫资本家”，这意味着阿根廷的国民财富将转移到对冲基金的口袋。世界上许多地方的政府也因腐败而臭名昭著，腐败丑闻不时见诸报端。

马克思在《资本论》第三卷中提到了对此议题的混乱认识，以及他自己的疑惑，即如何将生息资本的特殊流通融入他的价值运动资本观念。我试图梳理他的观点并将研究所得写在《马克思〈资本论〉第二卷导读》中。[47] 在此无法完整叙述我的梳理结果，但可引用马克思对金融领域典型事件序列的长篇论述。我邀请读者将马克思所写的内容与 2007—2008 年金融危机发生的情况进行比较（不妨将下文中的“汇票”替换成“按揭贷款”）。

> 在再生产过程的全部联系都是以信用为基础的生产制度中，只要信用突然停止，只有现金支付才有效，危机显然就会发生……所以乍看起来，好像整个危机只表现为信用危机和货币危机。而且，事实上问题只是在于汇票（按揭贷款）能否兑换为货币。但是这种汇票（按揭贷款）多数是代表现实买卖的，而这种现实买卖的扩大远远超过社会需要的限度这一事实，归根到底是整个危机的基础。不过，除此以外，这种汇

票（按揭贷款）中也有惊人巨大的数额，代表那种现在已经败露和垮台的纯粹欺诈营业；其次，代表利用别人的资本进行的已告失败的投机；最后，还代表已经跌价或根本卖不出去的商品资本（房子），或者永远不会实现的资本回流。这全部人为的使再生产过程猛烈扩大的体系，当然不会因为有一家像英格兰银行（美联储）这样的银行，用它的纸券，给一切投机者以他们所缺少的资本，并把全部已经跌价的商品（房子）按原来的名义价值购买进来，就可以医治好。并且，在这里，一切都以颠倒的形式表现出来，因为在这个纸券的世界里，现实价格和它的现实要素不会在任何地方表现出来……在全国金融中心，例如伦敦，这种颠倒表现得尤为明显。全部过程都变为不可理解。[48]

这使我们考虑到价值分配在这方面的力量和作用，其实是将闲置资金转换为生息资本流通的清算所。正是在此，经济逻辑的疯狂通过创造反价值和促进债务生成而得以确立。在一个充斥着流动性过剩的世界里（国际货币基金组织经常在其报告中这样讲），这些资金必须被利用和集中起来借给未来的剩余价值生产并获得安全性和确定性。将剩余资本转换成“反资本”是在金融机构内部完成的，所谓“反资本”就是能在未来要求还本付息。贷款人在整个过程中都保留产权并期待在一定时间范围内重新拿回货币价值并加上利息和资本回报，而这些回报可能来源于股票增值或公司估值上升。

这种从货币到反价值“转换”（马克思倾向于称之为“变形”）的整体管理大都发生在我所称的“国家金融枢纽”。[49]在美国（以及大多数西方国家），这是由财政部门（在国家机构中始终具有特殊地位）和作为私人银行体系顶点的中央银行之间的密切合作构成的。这种结构最初成型就是1694年英格兰银行的成立，当时英国王室威廉三世和玛丽二世给富商颁发特许银行执照，给予其广泛权力，以此为交换让富商给被斯图亚特王朝掏空的英国国库提供信贷和融资。随后国家和金融之间的权力平衡又随着时间的推移而变化。在克林顿总统当政初期，他的经济计划往往是在讨债权人的欢心，自此以后，美国历任财政部部长几乎都有在高盛供职的经历。

这种国家—金融体系往往不受民主或大众的制约。其任务是管控私人银行系统以造福整个资本体系。马克思曾指出，金融就是如何管理“阶级共同资本”。[50]国家—金融体系作为一个整体，类似于任何有机整体的中枢神经系统。它强制和确保杠杆做法，将闲置资金转化为“反资本”。正如我们前面所看到的那样，反资本的作用是要锁定尽可能多的经济角色的未来，让消费者和生产商、商人、房东甚至金融家本身都陷入债务中。

资本作为“一种特殊的商品”始终有“特殊的异化特征”。[51]信贷体系和信贷整体本身都被银行家和私人资本利用。这些人的资本和收入永远是以货币或直接的货币权为形式。这个阶级的财富积累可能与实际积累的方式有很大不同，但无论如何这些人的积累都占了很大比例。[52]问题在于金融通常会“在一定部门中造成了垄断，因而要求国家的干涉。它再生产出了一种新的金融贵族，一种新的寄生虫——发起人、创业人和徒有其名的董事；并在创立公司、发行股票和进行股票交易方面再生产出了一整套投机和欺诈活动”。[53] 此外，马克思还写道：“如果剩余价值在利息这个没有概念的形式上来理解，那么，界限就只是量的界限，资本的积累就会超出任何想象。”[54] “恶的无限循环”就开始抬起其丑陋的头。在金融危机时期华尔街那些银行家给自己发的奖金数量“超出任何想象”，这导致2011年“占领华尔街”运动的爆发，人们在祖科蒂公园集会抗议。

债务负担的约束效应对当代资本的再生产至关重要。债务意味着我们不能再“自由选择”，正如米尔顿·弗里德曼在他对资本主义的谴责中所说的那样。《圣经》上要求善良的人们赦免债务，但资本绝不会赦免我们的债务，资本要求通过未来的价值生产来清偿债务。未来已经被预设和限定（问问任何一个背上了10万美元求学贷款的学生就会知道）。债务为某些未来价值生产的结构设置好了牢笼。债务是资本实现其现代奴隶制的强力手段。当债权人的权力大到可以颠覆国家或迫使主权政府屈服时，危险就越发加重。正是出于这个原因，把国家—金融枢纽融为一体成为资本生存的唯一方式。由此所有人就与任何真正的影响力和权力完全隔离。无论国家还是资本在剥削和压迫上都不会心慈手软。雅典曾被誉为民主的摇篮，但今天希腊却是债务的摇篮，任何民主形式都被资本摧毁殆尽。

金钱的腐蚀和异化力量——当金钱开始产生利息时就会像“爱的俘虏”那样欲罢不能——是问题之一。其实不仅马克思看到了其中的异化问题，资产阶级的资深辩护人凯恩斯也曾对此问题有过深刻的见解：

> 当财富的积累不再具有高度的社会重要性时，我们原先的道德准则会发生重大变化。我们将可以摆脱200年来如恶梦般困扰我们的那些虚伪的道德原则，在这些伪道德原则下，我们一直把人类品性中某些最令人厌恶的东西抬举为最高尚的美德。到那时，对于金钱动机，我们将有胆量按照其真实的价值来加以评价。对金钱的爱好作为一种占有欲——它区别于作为享受生活、应付现实的手段的那种对金钱的爱好——将被看作是某种可憎的病态，是一种半属犯罪、半属变态的性格倾向，人们不得不战战兢兢地把它交付给精神病专家去处理。那些影响财富分配和经济上的酬报和

惩罚的各种社会习俗及经济惯例，不管它们本身可能是多么地令人憎恶、有失公平，由于它们对促进资本积累有极大的作用，因此现在我们得不惜一切代价加以维持；但是到那时我们将从中解放出来，并终将摒弃它们。[55]

人类财富本应具备各种社会意义，但现在却越来越多地被金钱禁锢，而其标准又恰恰是金钱本身多寡的计量。对此马克思写道：

如果抛掉狭隘的资产阶级形式，那么，财富岂不正是在普遍交换中造成的个人的需要、才能、享用、生产力等等的普遍性吗？财富岂不正是人对自然力——既是通常所谓的“自然”力，又是人本身的自然力——统治的充分发展吗？财富岂不正是人的创造天赋的绝对发挥吗？这种发挥，除了先前的历史发展之外没有任何其他前提，而先前的历史发展使这种全面的发展，即不以旧有的尺度来衡量的人类全部力量的全面发展成为目的本身。在这里，人不是在某一种

> 规定性上再生产自己，而是生产出他的全面性；不是力求停留在某种已经变成的东西上，而是处在变易的绝对运动之中。在资产阶级经济以及与之相适应的生产时期中，人的内在本质的这种充分发挥，表现为完全的空虚，这种普遍的物化过程，表现为全面的异化，而一切既定的片面目的的废弃，则表现为为了某种纯粹外在的目的而牺牲自己的目的本身。[56]

这正是“超出任何想象”之处。这就是我们生活的疯狂和令人不安的现实世界。

M A R X ,

CAPITAL AND THE MADNESS OF ECONOMIC REASON

MARX,
CAPITAL AND
THE MADNESS OF
ECONOMIC REASON

后记

哲学家雅克·德里达（Jacques Derrida）创造了“经济逻辑的疯狂”一词，他在对马塞尔·莫斯（Marcel Mauss）关于加拿大不列颠哥伦比亚省原住民社区的“共享宴”描述的评论中首次用到这个词汇。在这样的仪式上，部落的各个家庭会争相把自己家的东西送给别人或主动摧毁自家财物，由此来获得声望、荣誉和地位。早期的西方观察家曾以市场经济的视角对这种现象进行解读。从经济角度和启蒙理性的立场看，将多年来苦心积累的个人和家庭财富牺牲掉似乎是不合逻辑的。但莫斯发现其中存在语言误导。他将“债务”和“偿还”的概念用“礼物”和“回礼”的概念来取代。因此这其实是一种非市场化的物品交换经济，今天许多人对这套体系都心存向往。德里达似乎将此物品交换系统视为现代国家管理下社会福利体系的替代品，但是莫斯和德里达对“共享宴”上人们疯狂破坏财物的举动更为着迷，这种破坏活动也常常是宴会的高潮。莫斯写道：“这完全不是送礼或回礼的问题，而是破坏，完全看不到任何将来要用的样子。整箱的蜡烛、鱼油或鲸油被烧毁，房子也放火烧掉，数千张毯子也付之一炬。最有价值的铜制品被打碎并投入大海，让对手感到震撼。”莫斯认为这是彻头彻尾的发疯。但德里达说：“这一疯狂举动其实是烧掉了礼物本身以及礼物的意义，让礼物的意义散播，但实物却消散在灰烬中……”[1]

我在此并不是想说，资本有时会激发我们的破坏欲本能，就像一些孩子喜欢摧毁其他孩子在沙滩上费力堆砌的城堡。因为按马克思的观点，在资本主义发展史中某些似乎是（表现为）上天注定的事情实际上是资本本身的产物。但他需要一个替代概念来表示。例如马克思指出，在资本主义的生产方式下，信贷货币的贬值会破坏所有现存关系。因此我们大家都知道，银行无论如何都会被拯救。“为了保证商品价值在货币上的幻想的、独立的存在，就要牺牲商品的价值。一般说来，只要货币有保证，商品价值作为货币价值就有保证。”这就是为何，资本主义对通胀问题很重视。“因此，为了几百万货币，必须牺牲许多百万商品。这种现象在资本主义生产中是不可避免的。”不论社会需求如何，使用价值都必须被牺牲或毁掉。[2]这又有何逻辑呢？

如前所述，资本是价值的运动。但在资本循环过程中会时不时出现堵塞。资本在再生产的某个环节凝固而无法发生形态变化，危机由此发生：

> 因为每个人都想卖而卖不出去，但是为了支付，又必须卖出去……由于再生产过程的停滞，已经投入的资本实际上大量地闲置不用。工厂停工，原料堆积，制成的产品充斥商品市场。因此，如果认为这种情况是由于生产资本的缺乏造成的，那就大错特错了。正好在这个时候，生产资本是过剩了，无论就正常的、但是暂时紧缩的再生产规模来说，还是就已经萎缩的消费来说，都是如此。[3]

这是我们过去四十年来所经历的一次又一次疯狂。剩余资本越来越多，劳动力过剩也越来越严重，完全无法将两者匹配起来生产社会急切需要的使用价值，即使是在世界上最富有的国家美国，依然有1/3的儿童生活在贫困或有毒环境中，遭受饥饿和铅污染，有些不能上小学或获得充分的教育机会，因为在财政紧缩下许多公共学校都缩减规模。难道这还不够疯狂吗?

马克思在《资本论》以及其他政治经济学著作中提出的，就是一种看透资本主义生产方式日常运作迷惑表象的方法，从而抵达资本主义的本质，即资本运动的内在规律，他把抽象概念与无限资本积累简单理论（但最终并不那么简单）结合起来加以阐述。

当我们把这些概念、总结和理论体系用来解读日常生活的表象，用这些理论来解释普通人尤其是工人为何要不断斗争以及如何斗争，这些理论就变成了科学。这就是资本概念提出的目的，这也是马克思希望《资本论》能达到的目的。我对马克思思想的解读并不是想让大家把马克思著作看作必须遵行的高速公路，而是把马克思的思想看作可以通往更广阔世界的大门，让我们以更加广博的视野来了解我们所处现实社会的根本问题。如果我们想了解现实世界以及这世上所有令人困惑和看似疯狂的政治观点和行动，那么我们就必须了解资本如何运作。如果今天的政治看起来很疯狂，那么这必定与经济逻辑的疯狂相关。确实，有时我们似乎是在为充满恶毒和暴力的政治世界寻求可责备的借口。当然，资本并不是当前所有弊病的唯一来源。但如果我们假装它与我们当前世界的弊病无关，假装我们不能看破其拜物教和伪装性的表象而去触及其深层本质，假装我们不用去认清资本如何循环以及如何积累，那么这将是对所有人类的犯罪，而只要人类历史还在延续，这种罪就一定会得到惩罚。

M A R X ,

CAPITAL AND THE MADNESS OF ECONOMIC REASON

MARX, CAPITAL AND THE MADNESS OF ECONOMIC REASON

注释

前言

1 Sperber, J., *Karl Marx: A Nineteenth Century Life*, New York: Liveright Publishing, 2013; Stedman Jones, G., *Karl Marx: Greatness and Illusion*. Cambridge, MA: Belknap Press, 2016.

第一章 资本作为价值运动的示意图

1 Much of the pre-history of the labour theory of value has been covered in Meek, R., *Studies in the Labour Theory of Value*, London: Lawrence and Wishart, 1973. A comprehensive survey of the state of contemporary thinking in the 1970s, when value theory was much debated, can be found in the eleven contributions assembled in Steedman, I. (ed.), *The Value Controversy*, London: Verso/New Left Books, 1981. I have drawn from the following texts: Elson, D. (ed.), *Value: The Representation of Labour in Capitalism*, London: CSE Books, 1979; Heinrich, M., *An Introduction to the Three Volumes of Karl Marx's Capital*, New York: Monthly Review Press, 2004; Henderson, G., *Value in Marx: The Persistence of Value in a More-Than-Capitalist World*, Minneapolis: University of Minnesota Press, 2013; Larsen, N., Nilges, M., Robinson, J., and Brown, N., *Marxism and the Critique of Value* (eds), Chicago: MCM Press, 2014; Ollman, B., *Alienation*, London: Cambridge University Press, 1971; Rosdolsky, R., *The Making of Marx's Capital*, London: Pluto Press, 1977; Rubin, I., *Essays on Marx's Theory of Value*, Montreal: Black Rose Books, 1973.

2 *Grundrisse*, p. 309.

3 *Grundrisse*, pp. 1, 149.

4 *Grundrisse*, pp. 251–4.

5 Fraser, N., 'Behind Marx's Hidden Abode: For an Expanded Conception of Capitalism', *New Left Review*, 86 (2014).

第二章 《资本论》介绍

Chapter 2

1 *Capital, Volume 1*, chapter 2.
2 *Capital, Volume 1*, p. 799.
3 *Capital, Volume 2*, p. 109.
4 *Capital, Volume 2*, p. 469.
5 *Capital, Volume 2*, pp. 199, 225, 261, 357, 396.
6 *Capital, Volume 2*, p. 391.
7 *Selected Correspondence*, p. 206.
8 *Capital, Volume 3*, p. 267.
9 *Capital, Volume 3*, p. 311.
10 *Capital, Volume 3*, p. 490.
11 *Capital, Volume 3*, p. 516.
12 *Capital, Volume 3*, chapter 29.
13 *Capital, Volume 3*, p. 57.
14 Graeber, D., *Debt: Updated and Expanded –The First 5,000 Years*, Brooklyn: Melville Books, 2014.
15 *Capital, Volume 3*, p. 501.
16 For the importance of fictitious capital see Harvey, D., *A Companion to Marx's Capital, Volume 2*, London: Verso, pp. 240–66; Durand, C., *Fictitious Capital: How Finance is Appropriating our Future*, London: Verso, 2017.
17 *Grundrisse*, p. 278.
18 *Grundrisse*, pp. 99–100
19 *Capital, Volume 1*, p. 92.
20 For a systematic discussion of the various plans that Marx set out, see Rosdolsky, R., *The Making of Marx's Capital*, London: Pluto Press, 1977.
21 *Theories of Surplus Value, Part 3*, p. 120.

第三章 作为价值代表的货币

1 *Capital Volume* 1, pp. 128, 138–9.
2 *Grundrisse*, pp. 149, 236.
3 *Grundrisse*, p. 776.
4 *Grundrisse*, p. 535.
5 *Capital, Volume 1*, pp. 169–72.
6 *The Poverty of Philosophy*; *Grundrisse*, pp. 115–238.

7 Hudis, P., *Marx' Concept of the Alternative to Capitalism*, Chicago, Haymarket, 2012, p. 107.
8 Harvey, D., *Paris: Capital of Modernity*, New York: Routledge, 2003, chapter 8.
9 *Capital, Volume 1*, pp. 91–2.
10 Nelson, A., *Marx's Concept of Money*, New York: Routledge, 2014; Greco, T., Jr, *The End of Money and the Future of Civilisation*, White River Junction, VT: Chelsea Green Publishing, 2009.
11 Piore, M., and Sable, C., *The Second Industrial Divide: Possibilities for Prosperity*, New York: Basic Books, 1986; Harvey, D., *The Condition of Postmodernity*: Oxford, Blackwell, 1989.
12 Bauwens, M., 'Towards the Democratisation of the Means of Monetisation,' mimeo, Brussels, 21 October 2013; Huws, U., *Labor in the Digital Economy*, New York: Monthly Review Press, 2014.
13 *Grundrisse*, p. 134.
14 *Grundrisse*, pp. 145–6.
15 *Grundrisse*, p. 776.
16 *Grundrisse*, pp. 122–3.
17 Nelson, A., *Life Without Money: Building Fair and Sustainable Economies*, London: Pluto Press, 2011.
18 *Capital, Volume 1*, p. 148.
19 *Capital, Volume 1*, p. 150.
20 *Capital, Volume 1*, p. 151.
21 *Capital, Volume 1*, pp. 229–30.
22 *Grundrisse*, p. 146.
23 *Grundrisse*, p. 146.
24 *Capital, Volume 1*, chapter 3.
25 *Capital, Volume 1*, pp. 221–2.
26 *Grundrisse*, p. 210.
27 *Capital, Volume 1*, p. 196.
28 *Capital, Volume 1*, p. 197.
29 *Capital, Volume 1*, p. 236.
30 Bourdieu, P., *Distinction: A Social Critique of the Judgment of Taste*, Cambridge, MA: Harvard University Press, 1984; Arvidsson, A., and Peitersen, N., *The Ethical Economy: Rebuilding Value After the Crisis*, New York: Columbia University Press, 2013.

31 *Capital, Volume 3*, p. 727.
32 *Capital, Volume 3*, p. 708.
33 *Capital, Volume 3*, p. 649.
34 *Capital, Volume 3*, pp. 706–8.
35 *Capital, Volume 3*, p. 528.
36 *Capital, Volume 3*, p. 569.
37 *Capital, Volume 3*, p. 516.
38 *Capital, Volume 3*, chapter 23.
39 *Capital, Volume 3*, p. 569.
40 *Capital, Volume 3*, p. 570.
41 *Capital, Volume 3*, pp. 570–71.

第四章　反价值：贬值理论

1 *Capital, Volume 1*, p. 131.
2 *Grundrisse*, p. 543.
3 *Capital, Volume 1*, p. 202.
4 *Capital, Volume 1*, p. 103; Moseley, F., and Smith, T. (eds), *Marx's Capital and Hegel's Logic: A Reexamination*, Chicago: Haymarket Press, 2015.
5 *Grundrisse*, p. 441.
6 *Grundrisse*, p. 621.
7 *Grundrisse*, pp. 403, 447, 542, 621. See also Harvey, D., *The Limits to Capital*, Oxford: Basil Blackwell, 1982, pp .85–9.
8 *Theories of Surplus Value, Part 2*, p. 514.
9 *Grundrisse*, p. 621.
10 *Capital, Volume 1*, p. 201; *Grundrisse*, p. 527.
11 *Capital, Volume 2*, p. 396; 'The Immediate Results of Production' in *Capital, Volume 1*, p. 1033.
12 Tronti, M., 'Our Operaismo', *New Left Review*, 73 (2012); Negri, A., *Marx Beyond Marx: Lessons on the Grundrisse*, New York: Autonomedia, 1991.
13 Marx, K., 'The Civil War in France' in Tucker, R., *The Marx-Engels Reader* (2nd edn), New York: Norton, 1978, p. 636.
14 *Capital, Volume 3*, p. 991.

15 Cf. Henderson, G., *Value in Marx: The Persistence of Value in a More-Than-Capitalist World*, Minneapolis: University of Minnesota Press, 2013.
16 *Capital, Volume* 2, chapter 8.
17 *Grundrisse*, p. 535.
18 *Capital, Volume* 1, p. 254.
19 *Capital, Volume* 1, p. 233.
20 Roy, A., *Poverty Capital: Microfinance and the Making of Development*, New York: Routledge, 2011.
21 Blackburn, R., *Banking on Death: Or Investing in Life*, London: Verso, 2004.
22 *Capital, Volume* 1, pp. 208–9.
23 *Capital, Volume* 3, p. 599.
24 *Capital, Volume* 3, chapter 24.
25 *Capital, Volume* 3, pp. 572–3.
26 Wade, R., and Veneroso, F., 'The Asian Crisis: The High Debt Model versus the Wall Street-Treasury-IMF Complex', *New Left Review*, 228 (1998): 3–232.
27 *Theories of Surplus Value, Part* 2, pp. 495–6.
28 *Grundrisse*, p. 531; *Capital, Volume* 3, p. 199.
29 *Capital, Volume* 2, chapter 6.
30 *Capital, Volume* 1, p. 344.
31 Hudis, P., *Marx's Concept of the Alternative to Capitalism*, Chicago: Haymarket, 2012.
32 On time in Marx, see Bensaid, D., *Marx for Our Times*, London: Verso, 2002; Tombazos, S., *Time in Marx: The Categories of Time in Marx's Capital*, Chicago: Haymarket, 2014.
33 *Grundrisse*, p. 708.
34 *Capital, Volume* 1, p. 644.
35 Himmelweit, S., and Mohun, S., 'Domestic Labour and Capital,' *Cambridge Journal of Economics*, 1 (1977): 15–31l.
36 Harvey, D., *The Enigma of Capital*, London: Profile Books, 2010, chapter 5.
37 *Capital, Volume* 3, p. 357.
38 Hudson, M., 'The Road to Debt Deflation, Debt Peonage, and Neofeudalism', Working Paper No. 709, Annandale-on-Hudson,

NY: Levy Economics Institute of Bard College, February 2012; Hudson, M., *Killing the Host: How Financial Parasites and Debt Destroy the Global Economy*, ISLET-verlag, 2015.

第五章 无价值的价格

1 *Capital, Volume 1*, p. 751.
2 Smith, N., *Uneven Development: Nature, Capital and the Production of Space*, Oxford: Wiley, 1990.
3 *Capital, Volume 1*, p. 718.
4 *Capital, Volume 1*, p. 451.
5 Bauwens, M., 'Towards the Democratisation of the Means of Monetisation', mimeo, Brussels, 21 October 2013.
6 Moulier Boutang, Y., *Cognitive Capitalism*, Cambridge: Polity, 2011; Vercellone, C., 'From Formal Subsumption to General Intellect: Elements for a Marxist Reading of the Thesis of Cognitive Capitalism', *Historical Materialism*, 15 (2007): 13–36.
7 *Grundrisse*, pp. 685–95.
8 *Capital, Volume 1*, p. 284.
9 'Results of the Immediate Process of Production', in *Capital, Volume 1*, p. 1044.
10 Arvidsson, A., and Peitersen, N., *The Ethical Economy: Rebuilding Value After the Crisis*, New York: Columbia University Press, 2013.
11 Huws, U., *Labor in the Digital Economy*, New York: Monthly Review Press, 2014.
12 *Grundrisse*, pp. 690–706.
13 *Grundrisse*, p. 765.
14 Larsen, N., Nilges, M., Robinson, J. and Brown, N. (eds), *Marxism and the Critique of Value*, Chicago: M-C-M, 2014.
15 Harvey, D., 'Crisis Theory and the Falling Rate of Profit', in Subasat, T. (ed.), *The Great Meltdown of 2008: Systemic, Conjunctural or Policy Created?* Cheltenham: Edgar Elgar, 2016.
16 Harvey, D., 'The Art of Rent', in *Rebel Cities: From the Right to the City to the Urban Revolution*, London: Verso, 2012.
17 'Results of the Immediate Process of Production', in *Capital, Volume 1*, pp. 1019–49.

18 Mason, P. *PostCapitalism: A Guide to Our Future*, London: Penguin, 2016.
19 Ford, M. , *The Lights in the Tunnel: Automation, Accelerating Technology and the Economy of the Future*, United States of America: Acculent™ Pubishing, 2009.
20 Moseley, F., *Money and Totality: A Macro-Monetary Interpretation of Marx's Logic in Capital and the End of the 'Transformation Problem'*, Leiden: Brill, 2015.

第六章　技术问题

1 *Capital, Volume 1*, chapter 12.
2 *Capital, Volume 1*, pp. 393–7.
3 *Capital, Volume 1*, p.562
4 *Capital, Volume 1*, pp. 493–4.
5 Subasat, T. (ed.), *The Great Meltdown of 2008: Systemic, Conjunctural or Policy Created?* Cheltenham: Edgar Elgar, 2016; Larsen, N., Nilges, M., Robinson, J., and Brown, N. (eds), *Marxism and the Critique of Value*, Chicago: MCM Press, 2014.
6 Harvey, D., *A Brief History of Neoliberalism*, Oxford: Oxford University Press, 2003.
7 'Results of the Immediate Process of Production', in *Capital, Volume 1*, pp. 1019–49.
8 Harvey, D., 'Crisis Theory and the Falling Rate of Profit', in Subasat, T. (ed.), *The Great Meltdown of 2008: Systemic, Conjunctural or Policy-Created?* Cheltenham: Edgar Elgar, 2016; *Capital, Volume 1*, pp. 616–17.
9 *Capital, Volume 1*, p. 508.
10 *Capital, Volume 1*, pp. 512–13.
11 *Capital, Volume 1*, pp. 481–2.
12 *Capital, Volume 1*, pp. 620–21.
13 *Capital, Volume 1*, p 618.
14 *Capital, Volume 1*, p. 505.
15 *Capital, Volume 1*, p. 506.
16 *Grundrisse*, p. 704.

17 Gordon, R., *The Rise and Fall of American Growth: The U.S. Standard of Living since the Civil War*, Princeton: Princeton University Press, 2016.
18 Poulet, D., *Le Sublime*, Paris: 1980.
19 Brynjolfsson, E., and McAfee, A., *The Second Machine Age: Work, Progress, and Prosperity in a Time of Brilliant Technologies*, New York: Norton, 2014.
20 *Capital, Volume 1*, p. 492.
21 *Grundrisse*,

第七章 价值的空间和时间

1 *Selected Correspondence*, p. 208.
2 *Communist Manifesto.*
3 *Grundrisse*, p. 407,
4 *Theories of Surplus Value, Part 2*, p. 253.
5 *Grundrisse*, p. 539.
6 *Capital, Volume 2*, p. 328.
7 Harvey, D., 'The Geography of Capitalist Accumulation: A Reconstruction of the Marxian Theory', in Harvey, D., *Spaces of Capital: Towards a Critical Geography*, New *Capital, Volume 1*, p. 727.
8 *Capital, Volume 1*, pp. 579–80.
9 Capital, Volume 1, pp. 579–80.
10 Harvey, D., 'The Spatial Fix: Hegel, von Thünen and Marx', in Harvey, D., *Spaces of Capital: Towards a Critical Geography*, New York: Routledge, 2001.
11 *Capital, Volume 1*, chapter 33.
12 Luxemburg, R., *The Accumulation of Capital*, New York: Routledge, 1951.
13 *Capital, Volume 1*, pp. 931–2.
14 Cited in Chomsky, N., *On Power and Ideology*, Boston: South End Press, 1990, p. 14.
15 Tomba, M., *Marx's Temporalities*, Chicago, Haymarket Books, 2014; Tombazos, S., *Time in Marx: The Categories of Time in Marx's Capital*, Chicago: Haymarket, 2014; Bensaid, D., *Marx for*

Our Times: Adventures and Misadventures of a Critique, London: Verso, 2009.
16 *Grundrisse*, p. 746.
17 In what follows I rely heavily on the essay 'Space as a Key Word' in Harvey, D., *Spaces of Global Capitalism: A Theory of Uneven Geographical Development*, London: Verso, 2006.
18 Simmel, G., 'The Metropolis and Mental Life', in Levine, D. (ed.), *On Individuality and Social Forms*, Chicago: Chicago University Press, 1971.
19 Kern, S., *The Culture of Time and Space, 1880–1918*, London: Weidenfeld and Nicolson, 1983.
20 Bensaid, D., *Marx for Our Times: Adventures and Misadventures of a Critique*, London: Verso, 2009, p. 73.
21 Whitehead, A., 'La Théorie Relationiste de l'Espace', *Revue de Métaphysique et de Morale*, 23 (1916): 423–54.
22 McDonald, O., *Lehman Brothers: A Crisis of Value*, Manchester: Manchester University Press, 2016.
23 Bensaid, D., *Marx for Our Times: Adventures and Misadventures of a Critique*, London: Verso, 2009, p. 77.
24 *Capital, Volume 2*, p. 301.
25 I rely on the much more detailed account in Harvey, D., *The Limits to Capital*, Oxford: Basil Blackwell, 1982, chapter 8.
26 *Grundrisse*, p.706.
27 *Grundrisse*, p. 694.
28 *Grundrisse*, p. 707.
29 *Grundrisse*, p. 707.
30 *Capital, Volume 2*, p. 242.
31 *Grundrisse*, p. 731.
32 *Capital, Volume 2*, p. 186.
33 *Grundrisse*, p. 731.
34 *Capital, Volume 2*, p. 264.

第八章 价值体系的生产

1 Darnell, A. (ed.), *The Collected Economics Articles of Harold Hotelling*, New York: Springer Verlag, 1990.

2 Haggett, P., *Locational Analysis in Human Geography*, London: Edward Arnold, 1965.
3 *Capital, Volume 1*, p. 701.
4 The details of Marx's scattered comments on this topic are brought together in Harvey, D., 'The Geography of Capitalist Accumulation: A Reconstruction of the Marxian Theory', published as chapter 12 in Harvey, D., *Spaces of Capital: Towards a Critical Geography*, New York: Routledge, 2001.
5 *Capital, Volume 3*, pp. 345–6.
6 *Theories of Surplus Value, Part 3*, p. 106.
7 *Theories of Surplus Value, Part 2*, pp. 201, 474–5.
8 *Capital, Volume 3*, chapter 9.
9 Dealbook, 'Blankfein Says He's Just Doing "God's Work"', *New York Times*, 9 November 2009.
10 Johnson, C., *MITI and the Japanese Miracle*, Stanford: Stanford University Press, 1982.
11 *Capital, Volume 1*, p. 222.
12 *Capital, Volume 1*, pp. 240–41.
13 *Capital, Volume 1*, pp. 183, 207.
14 *Capital, Volume 1*, p. 162.
15 *Capital, Volume 1*, pp. 775–8.
16 *Capital, Volume 3*, p. 571.
17 Baldwin, R., *The Great Convergence: Information Technology and the New Globalisation*, Cambridge, MA: Belknap, 2016.
18 *Capital, Volume 3*, p. 999.
19 Harvey, D., 'From Managerialism to Entrepreneurialism: The Transformation in Urban Governance in Late-Capitalism,' *Geografiska Annaler, Series B, Human Geography*, 71 (1) (1989): 3–17.
20 *Capital, Volume 3*, p. 1001.
21 Harvey, D., *The Limits to Capital*, Oxford: Basil Blackwell, 1982, chapters 12 and 13.
22 Myrdal, G., *Economic Theory and Underdeveloped Regions*, London: Methuen, 1965.
23 *Capital, Volume 3*, 623–4.

24 Wood, E., *The Origin of Capitalism: A Longer View*, London: Verso, 2002; Harvey, D., *The New Imperialism*, Oxford: Oxford University Press, 2003. See the discussion and debate on these two books in *Historical Materialism*, 14(4) (2006).

25 The works of Samir Amin, Giovanni Arrighi and Peter Gowan have opened a way to go beyond the arid formalism of Wallerstinian world system theory and the dead end of the state debate of the 1970s and its aftermath to probe more deeply into a value theoretic perspective on geopolitical relations. See in particular Amin, S., *The Law of World Wide Value*, New York: Monthly Review Press, 2010; Amin, S., *Three Essays on Value Theory*, New York, Monthly Review Press, 2013; Arrighi, G., *The Long Twentieth Century: Money, Power and the Origins of Our Times*, London: Verso, 1994; Arrighi, G., and Silver, B., *Chaos and Governance in the Modern World System*, Minneapolis: University of Minnesota Press, 1999; Gowan, P., *The Global Gamble: Washington's Faustian Bid for World Dominance*, London: Verso, 1999.

第九章 经济逻辑的疯狂

1 *Grundrisse*, p. 269.

2 *Grundrisse*, pp. 270–71.

3 Martin, W., 'In Defense of Bad Infinity: A Fichtean Response to Hegel's Differenzschrift,' mimeo, Department of Philosophy, University of Essex; Arthur, C. *The New Dialectic and Marx's Capital*, Leiden: Brill, 2004, pp. 137–52.

4 *Grundrisse*, p. 270.

5 *Capital, Volume 3*, p. 595.

6 *Grundrisse*, p. 413.

7 *Capital, Volume 3*, pp. 476, 516.

8 *Grundrisse*, pp. 270–71.

9 *Grundrisse*, p. 590.

10 *Theories of Surplus Value, Part 2*, pp. 468, 549. Most economists recognise market imperfections that arise from externality effects and from imperfect information (and even study them as 'market failures'). Those with Keynesian inclinations recognise a

state role for proper aggregate demand and supply management mainly directed at dampening business cycles in the hope of eliminating crises and depressions. But their aim is to correct for imperfections and to define optimal policies for state involvements which will restore the concept of harmonious equilibrium to its rightful theoretical place. None of them, even those like Paul Krugman, Joseph Stiglitz and Jeffrey Sachs, who lay claim to progressive political positions, have any conception of the internal contradictions of capital or the dangers of the 'bad infinity' of endless compound growth.

11 *Grundrisse*, p. 221.

12 Federal Reserve Bank of St Louis, *Economic Reports*.

13 *Grundrisse*, pp. 334–5.

14 'Towering Above', *National Geographic*, 229(1) 2016'

15 International Monetary Fund/International Labour Organisation, 'The Challenges of Growth, Employment and Social Cohesion' discussion paper, Joint ILO-IMF Conference in Cooperation with the Prime Minister of Norway, 2010; available at http://www.osloconference2010.org/discussionpaper.pdf

16 Agence Presse Français, 'China's Property Frenzy and Surging Debt Raises Red Flag for the Economy', *Guardian*, 27 November 2016.

17 Reuters, 'China's Property Boom Continues as Prices Rise at Record Rate', *Fortune*, 21 October 2016.

18 Shen Hong, 'China's Plan for Local Debt Amounts to a Bailout', *Wall Street Journal*, 23 June 2015.

19 International Monetary Fund, 'Debt: Use It Wisely', *Fiscal Monitor*, World Economic and Financial Surveys, October 2016.

20 Shepard, W., *Ghost Cities of China*, London: Zed Books, 2015.

21 Robert Caro, *The Power Broker: Robert Moses and the Fall of New York*, New York: Vintage, 1975.

22 Appelbaum, B., 'A Recovery that Repeats its Painful Precedents', *New York Times*, 28 July 2011.

23 Harvey, D., *Paris: Capital of Modernity*, New York, Routledge, 2003.

24 Marx, K., 'The Civil War in France', in Tucker, R., *The Marx-Engels Reader* (2nd edn), New York: Norton, 1978.
25 Tabb, W., *The Long Default: New York City and the Urban Fiscal Crisis*, New York: Monthly Review Press, 1982.
26 Harvey, D., *A Brief History of Neoliberalism,* Oxford: Oxford University Press, 2005.
27 Goldstein, M., Abrams, R., and Protess, B., 'How Housing's New Players Spiraled into Banks' Old Mistakes', *New York Times*, 26 June 2016.
28 Harvey, D., *The New Imperialism*, Oxford: Oxford University Press, 2003.
29 Ridge, M., 'Three New "Engines of Growth" to Watch in China', *Financial Times*, 18 September 2014.
30 Clover, C., and Hornby, L., 'China's Great Game: Road to a New Empire', *Financial Times*, 12 October 2015.
31 *Capital, Volume 3*, p. 595.
32 Carvalho, B., Cavalcanti, M., and Venuturupalli, V. (eds), *Occupy All Streets: Olympic Urbanism and Contested Futures in Rio de Janeiro*, New York: Terraform, 2016.
33 Ozturkmen, A., 'The Park, the Penguin and the Gas: Performance in Progress of Gezi Events', *The Drama Review*, Guest editor Carol Martin, 2014.
34 Keller, B., 'The Revolt of the Rising Classes', *New York Times*, 30 June 2013.
35 Harvey, D., *Seventeen Contradictions and the End of Capitalism*, London: Profile Books, 2013.
36 Ollman, B., *Alienation,* London: Cambridge University Press, 1971.
37 *Grundrisse*, pp. 831–2.
38 *Grundrisse*, p. 287.
39 Gorz, A., *Critique of Economic Reason*, London: Verso, 1989; on the limits to compensatory consumerism for workers see *Grundrisse*, pp. 204–7.
40 Debord, G., *The Society of the Spectacle*, Montreal: Black and Red Books, 2000.

41 Hadjimichalis, C., *Uneven Development and Regionalism: State, Territory and Class in Southern Europe*, London: Croom Helm, 1987.
42 Harvey, D., *The New Imperialism*, Oxford: Oxford University Press, 2003, chapter 4.
43 Sassen, S., *Expulsions: Brutality and Complexity in the Global Economy*, Cambridge, MA, Belknap Press, 2014.
44 Piketty, T., *Capital in the Twenty First Century*, Cambridge, MA, Belknap Press, 2014.
45 *Capital, Volume 3*, p. 573.
46 Lapavitsas, C. with Flassbeck, H., *Against the Troika: Crisis and Austerity in the Eurozone*, London: Verso, 2015.
47 Harvey, D., *A Companion to Marx's Capital, Volume 2*, London: Verso, 2013.
48 *Capital, Volume 3*, 621–2.
49 Harvey, D., *Seventeen Contradictions and the End of Capitalism*, London: Profile Books, 2013, pp. 44–7.
50 *Capital, Volume 3*, p. 490.
51 *Capital, Volume 3*, p. 470.
52 *Capital, Volume 3*, p. 609.
53 *Capital, Volume 3*, p. 569.
54 *Capital, Volume 3*, p. 523.
55 Keynes, J. M., *Essays in Persuasion,* New York: Classic House Books edn, 2009, p. 199.
56 *Grundrisse*, p. 488.

后 记

1 Derrida, J., 'The Madness of Economic Reason', in Derrida, J., *Given Time: I. Counterfeit Money*, Chicago: Chicago University Press, 1992; Mauss, M., *The Gift: The Form and Reason for Exchange in Archaic Societies*, London: Routledge, 1990.
2 *Capital, Volume 3*, p. 649.
3 *Capital, Volume 3*, p. 614.